高等学校公共基础课系列教材

大学生职业选择与就业指导

DAXUESHENG ZHIYE XUANZE YU JIUYE ZHIDAO

主　编　康　静　逯娅娜

副主编　徐立志　张　贺　毕再丽

　　　　陈茂松　王　虹

参　编　艾涵壕　牛轶慧　郭明敬

西安电子科技大学出版社

内 容 简 介

本书针对应用型本科院校学生认知特点和职业生涯发展规律而编写，着眼于将大学生职业规划与就业指导课程教育教学有机融入大学生专业学习的全过程。本书通过做出职业选择、适应职场环境、求职和面试、完成就业准备四个项目来阐述大学生职业选择和就业指导相关内容，以期解决大学生在职业生涯规划和就业中遇到的问题。

本书各项目均包括课前预习、教师精讲、实践活动、课后自测及拓展阅读等模块，侧重于实用性、实操性、可读性、融合性，便于学生在大学生活中培养和提升个人职业素养，提高就业能力。

本书既可作为应用型本科院校学生的教材，也可作为广大求职者的阅读参考书。

图书在版编目（CIP）数据

大学生职业选择与就业指导 / 康静，逯娅娜主编. -- 西安 ：西安电子科技大学出版社, 2025.7 -- ISBN 978-7-5606-7706-4

Ⅰ. G647.38

中国国家版本馆 CIP 数据核字第 2025MD2383 号

策　　划　刘小莉
责任编辑　刘小莉
出版发行　西安电子科技大学出版社（西安市太白南路 2 号）
电　　话　（029）88202421　88201467　　　邮　　编　710071
网　　址　www.xduph.com　　　　　　　电子邮箱　xdupfxb001@163.com
经　　销　新华书店
印刷单位　西安创维印务有限公司
版　　次　2025 年 7 月第 1 版　　　　2025 年 7 月第 1 次印刷
开　　本　787 毫米×1092 毫米　1/16　　　印　　张　8
字　　数　113 千字
定　　价　25.00 元
ISBN 978-7-5606-7706-4
XDUP 8007001-1

*** 如有印装问题可调换 ***

前 言

人在仰望星空的同时，要脚踏实地；在心怀梦想的同时，要做好职业生涯规划。大学是大学生选择人生方向的重要阶段，没有规划的人生叫拼图，有规划的人生叫蓝图。

本系列教材编写组将大学生心理健康教育、创业基础、职业规划与就业指导等课程内容进行整合，以学生生涯教育为主线，以学生发展为中心，以学生兴趣为出发点，根据大学生生涯发展"导向""定向""去向"三个阶段的特点，坚持需求导向和问题导向，编写了大学生生涯发展系列教材《大学生心理适应与生涯发展》《大学生职业素养与创新创业》《大学生职业选择与就业指导》。

本书以项目的形式编排内容，充分体现应用型本科院校注重实习实践和学生动手能力培养的基本特点，突出职业规划与就业过程中的典型任务和环节，以引导和帮助学生顺利就业，具有较强的针对性和实用性，让学生在学习的同时用"书"和"画"的形式，记录生涯发展，形成学生成长档案，在从"校园人"到"职业人"的角色转变过程中了解自己、明确目标，顺利地开启自己的职业生涯。

在本书编写工作中，康静负责制订课程标准和教材大纲；逯娅娜负责各项目内容的审核；张贺、艾涵堁、牛轶慧负责项目一的设计与编写；陈茂松和王虹负责项目二的设计与编写；毕再丽负责项目三的设计与编写；徐立志、郭明敬负责项目四的设计与编写。

鉴于编者水平有限、时间仓促，书中难免存在欠妥之处，恳请广大读者提出宝贵意见。

编 者

2025 年 4 月

目　录

CONTENTS

项目一　做出职业选择

 课前预习

【项目目标】

本项目主要培养学生的职业规划意识，提升学生的职业素养。

知识目标：掌握职业选择的相关知识，能较为清晰地认识自己的特长、职业的特性以及整个职业环境。

技能目标：通过对职业选择决策过程、职业选择影响因素等内容的学习，收集相关职业信息，对自己进行综合分析，合理做出职业决策。

【思维导图】

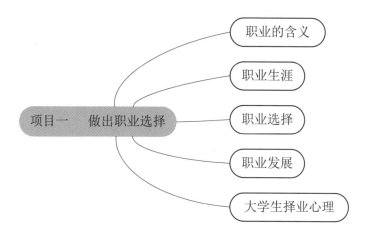

项目一　做出职业选择
- 职业的含义
- 职业生涯
- 职业选择
- 职业发展
- 大学生择业心理

【课前思考】

什么是职业？你的职业选择是什么？

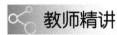 **教师精讲**

案例引入

小林的困惑

小林是一名软件专业的毕业生，2020 年本科毕业后，先在某公司研发部做了一年的软件开发，后来被派到公司销售部做售后服务和技术支持工作，三个月前又被任命为总经理助理。毕业后的几年里，小林经历了几次职位变动，现在感觉自己哪一行学得都不深。小林感觉自己从学校学到的专业知识不断地被荒废，自己对目前所从事的工作没有新鲜感和挑战性，他感到危机重重，不知道以后该如何选择自己的职业道路。

解析：

这是许多初出茅庐的年轻人容易走进的一个盲区。在这个计划没有变化快的知识经济时代里，很多目标会因为现实状况而不断被修改，我们总是听到诸如"现实太残酷""这个世界很精彩，可惜我很无奈"的抱怨。而职业生涯规划对处于任何职业年龄段的人来说都很重要，特别是对于步入社会不久的年轻人来说，良好的职业生涯规划将会帮助其重新认识自己，并对自己的职业发展起到重要的导向作用。

"生活愉快""工作顺利""事业有成""万事如意"，这样的话语你是否熟悉？你是否会经常接受和赠予别人这些祝福？这些美好的状态是不是你对于未来的期待呢？答案应该是肯定的。对于一名大学生来说，如果未来的职业能够带给你无尽的快乐和充实，能够让你高效率地工作并取得丰硕的成果，能够带给你价值感和幸福感，那么这样的职业是不是你想要的呢？答案也应该是肯定的。每个大学生都拥有对未来的美好憧憬，但是有些大学生对未来的规划却并不是那么清晰，有些大学生即使有了明确的目标，也不知道该如何一步一步实现目标，更不知道自己是否能够坚持下去。

我们在憧憬美丽人生时常常觉得，准备起跑的自己与那个最想要的结果之间仿佛隔着几重门。职业生涯规划就是为职业生涯设定目标，并找出达成目标所需采取的步骤。同理，大学生职业生涯规划就是让大学生为自己设定职业生涯目标，对大学生活做出合理规划，为毕业时的就业及以后的职业发展做好准备。

一、职业的含义

通俗来说，职业是人们在社会中所从事的服务于社会并作为主要生活来源的工作。根据中国职业规划师协会的定义，职业包含十个方向：生产、加工、制造、服务、娱乐、政治、科研、教育、农业、管理。从社会角度看，职业是劳动者获得的社会角色，劳动者承担一定的社会义务和责任，并获得相应的报酬。从国民经济活动所需要的人力资源角度来看，职业是指不同性质、不同内容、不同形式、不同操作的专门劳动岗位。

我们对"职业"一词并不陌生，甚至可以说非常熟悉，提到职业时，我们必然会想到与其相关的一些概念，如工作、职位等。深入地研究和探讨这些概念的内涵和相互关系，对我们理解职业和进行职业选择具有十分重要的意义。

关于"职位"(professional position)、"工作"(work/job)、"职业"(occupation)这几个词的含义，在理论上仍然存在着一定程度的争议，不过我们可以大致将它们定义如下。

职位是和分配给个人的一系列具体任务直接相关的。因此，职位和参与工作的个人相对应，有多少参与工作的个人，就有多少个职位。例如，一支足球队的场上队员最多是 11 人，与每个队员对应的场上分工为门将/后卫/中场/前锋。如果小张是某俱乐部足球队的前锋，那么前锋就是小张在球队里的职位。

工作的本义是指劳动，包括脑力劳动和体力劳动，也泛指机器、工具受人操纵而发挥生产作用。工作的另一个含义是指由一系列相似的职位所组成的一个特定的专业领域。

职业是参与社会分工，利用专门的知识和技能为社会创造物质财富和精神财富，并获取合理报酬以满足生活需求的工作。

职业是行业与职能的交集点，即职业 = 行业 + 职能。职业是职场上的专门行业，是对劳动的分类。划分职业的方式很多，不存在固定模式。在西方国家，通常以人们所从事的产业或行业为主要依据，同时结合工作特点进行分类。在汉语中，"职业"作为术语，通常指工作(集合名词)，在一定时期，职业也代表了社会地位和阶层。职业作为一种概念，与经济发展水平、社会政治制度有很大关系。如"农民"一词，在 20 世纪 80 年代以前的计划经济时代多指个人身份，而且只有通过"农转非"、大学升学等方式才可以改变。在当代，人们对于职业的考虑，身份因素已经明显弱化，代之以对价值感和成就感的追求。

梁启超在《敬业与乐业》中提出："凡职业没有不是神圣的，所以凡职业没有不是可敬的。惟其如此，所以我们对于各种职业，没有什么分别拣择。"在《敬业与乐业》中，"敬业"的意思是："凡做一件事，便忠于一件事，将全副精力集中到这事上头，一点不旁骛，便是敬。""乐业"的意思是："人生能从自己职业中领略出趣味，生活才有价值。"总结来讲："敬业即是责任心，乐业即是趣味。"

因此，大学生在职业选择的过程中，更应考虑的是此职业是否值得自己穷尽毕生精力为其奋斗，而无须区分其高低贵贱。

二、职业生涯

"生涯"在《现代汉语词典》中的定义是：指从事某种活动或职业的生活。"生"，即"活着"；"涯"，即"边界"。广义上理解，"生"，自然是与一个人的生命相联系；"涯"，则有边际的含义。"生涯"指人生经历、生活道路和职业、专业、事业。人的一生，要经历少年、成年、老年三个阶段。成年阶段是最重要的时期，这一时期之所以重要，是因为这是人们从事职业生活的时期。在西方人的概念中，"生涯"最早用于表示在马场上驰骋竞技，隐含有未知、冒险等精神；如今，"生涯"多被引申为人生发展历程。因为时代不同，视角相异，所以国内外学者对生涯的定义也有所不同。目前，大多数西方学者所接受的生涯的定义是舒伯的观点：生涯是生活里各种事态的演进方向和历程，它统合了人一生中的各种职业和生活角色，由此表现出个人独特的自我发展形态。

"职业生涯"的含义曾随着时间的推移发生过很多变化。在 20 世纪 70 年代，职业生涯专指个人生活中和工作相关的各个方面。随后，又有很多新的意义被纳入"职业生涯"的概念中，其中甚至包含了生活中关于个人、集体以及经济生活的方方面面。从经济学的观点来看，职业生涯就是个人在人生中所经历的一系列职位和角色，它们和个人的职业发展过程相联系，是个人接受职业培训以及职业发展所形成的结果。

职业生涯是以心理开发、生理开发、智力开发、技能开发、伦理开发等人的潜能的开发为基础，以工作内容的确定和变化，工作业绩的评价，工资待遇、职称、职务的变动为标准，以满足需求为目标的工作经历和内心体验历程。职业生涯是人一生中最重要的历程，对人生价值观的确立起着决定性作用。

职业生涯是一个动态的过程，是指一个人一生在职业岗位上所度过的与工作活动相关的连续经历，不包含职业上的成功与失败或进步的快与慢等。也就是说，不论职位高低，不论成功与否，每个工作着的人都有自己的职业生涯。

职业生涯依据其构成因素可分为内职业生涯和外职业生涯。内职业生涯是指从事一种职业时的知识、观念、经验、能力、心理素质、内心感受等因素的组合及变化过程，它是别人无法替代和窃取的人生财富。外职业生涯是指从事职业时的工作单位、工作时间、工作地点、工作内容、工作职务与职称、工作环境、工资待遇等因素的组合及变化过程，它是依赖于内职业生涯的发展而变化的。内职业生涯发展是外职业生涯发展的前提，内职业生涯带动外职业生涯的发展。外职业生涯的因素通常由别人决定、给予，也容易被别人否定、剥夺；内职业生涯的因素由自己探索、获得，并且不随外职业生涯因素的改变而丧失。

大学生在职业发展过程中应注意处理好内职业生涯和外职业生涯之间的关系，注重内职业生涯发展，同时注意科学设定内职业生涯和外职业生涯的目标，并在职业发展过程中进行相应的调整。因为在设定的职业目标中，外职业生涯略超前时有动力，超前较多时有压力，超前太多时有毁灭力；内职业生涯略超前时舒心，超前较多时烦心，超前太多时要变心。

三、职业选择

(一) 职业选择的含义

职业选择是人生的一种决策，是个人能力、意向和社会岗位的统一，是一种现实化的过程。职业选择是个人从自己的主观意向和实际的职业能力出发，在社会多种多样的职业岗位中选择其一的过程。职业决策是一个完整的认知过程，其实质是个人的内在因素与外部职业因素相互作用的过程，也是个人与社会相互适应发展的过程。它包含了个人选择职业与职业选择个人两个方面。

(二) 职业选择的影响

在社会方面，职业选择将促进社会经济发展。

在个人方面，职业选择将促进自我发展。

(三) 职业选择的考虑因素

在进行职业选择时，应考虑的因素包括个人因素、有关政策、行业特点、单位特点、地域特点、家长意见等。

(四) 职业选择的原则与方法

1. 原则

择己所爱原则：对生涯事件的决定和选择，首先要遵从个体的兴趣和价值观。

择世所需原则：生涯抉择必须遵循社会的发展规律，不可逆社会规律而行，人的价值最终要体现在对社会所做的贡献上。

择己所长原则：生涯决策要考虑所选职业与自己的能力、性格、特质等是否匹配。

择己所利原则：决策是一个优选的过程，需要遵循效益原则。决策也是利益选择的过程，两利相权取其重，两害相权取其轻。

2. 方法

在决策过程中，对可能的选择进行评估排序时，需要详尽地考虑该决定所涉及的各方面因素。一个有效的方法是使用"生涯决策平衡单"，这一平衡单将重大事件的决策思考方向集中在四个主题上，即个人物质方面的得失、他人物质方面的得失、个人精神方面的得失、他人精神方面的得失。个体在进行生涯决策时，根据自身情况的不同，可以对不同的具体项目加以评价，从而得出不同决策目标的相应分数。

四、职业发展

与职业选择的视角不同，职业发展理论从时间顺序出发，剖析生理、心理、社会文化对于职业选择和调整变动的影响。这里只介绍一种比较有代表性的理论——舒伯的生涯发展理论。舒伯认为，人的每个年龄阶段都与职业发展有着相互配合的关系。人的生涯发展会随着年龄的增长而呈现递进式变化，每个年龄阶段各有其生涯发展的任务。舒伯从终身发展的角度，结合职业发展形态，将生涯发展阶段划分为成长、探索、建立、维持与衰退五个阶段，其中有三个阶段与金斯伯格的分类相似，只是年龄与内容稍有不同，具体分述如下。

(一) 成长阶段(0～14 岁)

在这个阶段，儿童开始辨认他们周围的事物，逐渐发展自我概念，并意识到自己的兴趣所在以及和职业相关的一些最基本技能。他们开始用不同方式来表达自己的需要，并经过对现实世界的不断尝试，修饰自己的角色。这个阶段的任务是发展自我形象和对工作世界的正确态度，并了解工作的意义。

这个阶段共包括三个时期：一是幻想期(0～10 岁)，以"需要"为主要考虑因素，在这个时期，幻想中的角色扮演很重要；二是兴趣期(11～12 岁)，以"喜好"为主要考虑因素，喜好是个人抱负活动的主要决定因素；三是能力期(13～14 岁)，以"能力"为主要考虑因素，能力的作用逐渐凸显。

(二) 探索阶段(15～24 岁)

这一阶段，青少年开始通过学校的活动、社团休闲活动、兼职打零工等机会，对自我能力及角色、职业进行探索，尝试自己对职业的一些假想，选择职业时有较大弹性。在这个阶段，职业偏好已经开始出现，并逐渐形成一种具体的职业选择。这个阶段的任务是使职业偏好逐渐具体化、特定化。

这个阶段共包括三个时期：一是试探期(15～17 岁)，这一时期青少年开始考虑自己的需要、兴趣、能力及机会，做出暂时的决定，并在幻想、讨论、学校生活及工作中加以尝试；二是过渡期(18～21 岁)，这一时期青年人进入就业市场或接受专业训练，更重视现实，并力图实现自我价值，将一般性的职业选择转为特定的选择；三是试验期(22～24 岁)，这一时期个人的职业生涯初步确定并试验其成为长期职业生涯的可能性，若不适则可能再经历上述各时期以确定方向。

(三) 建立阶段(25～44 岁)

进入这个阶段后，个人开始尝试选择适合自己的职业领域，不适合者会谋求变化或做其他探索。因此在该阶段个人能确定在整个职业生涯中属于自己的"位子"，在31～40 岁这一阶段开始考虑如何保住这个"位子"并将其固定下来。这个阶段的任务是统整、稳固，并求上进。

这个阶段可细分为两个时期：一是稳定期(25～30 岁)，这一时期个人寻求安定，也可能因生活或工作上的若干变动而尚未感到满意；二是建立期(31～44 岁)，这一时期个人致力于工作上的稳固，大部分人处于最具创造力的时期，往往会因为资深而业绩优良。

(四) 维持阶段(45～65 岁)

个人会在这一阶段不断地付出努力来获得职业生涯的发展和成就，避免产生停滞感，并逐渐在自己的领域中占有一席之地。这一阶段的任务是维持既有的成就与地位，也会面临新的人员的挑战。

(五) 衰退阶段(65 岁以后)

由于生理及心理机能日渐衰退，进入衰退阶段后，个人已经有意退出工作岗位，并开始享受自己闲暇的晚年生活，职业角色的分量逐渐减少。在这一阶段，个人往往注重发展新的角色，寻求以不同的方式满足个人的需求。

在这一理论形成的初始阶段，舒伯认为，这些阶段彼此之间都是有严格的界限和区分的。但在后期，他提出这些阶段之间可能有交叉，并不存在严格的界限。同时，人生的不同时期都可以由这五个阶段构成一个小循环。另外，在不同的阶段，人们所扮演的角色也不同，且通常要同时扮演几个角色，如子女、学生、工作者、配偶、家长等。为此，舒伯设计了生涯彩虹图来表示不同角色在人生各个阶段的地位，如图 1-1 所示。

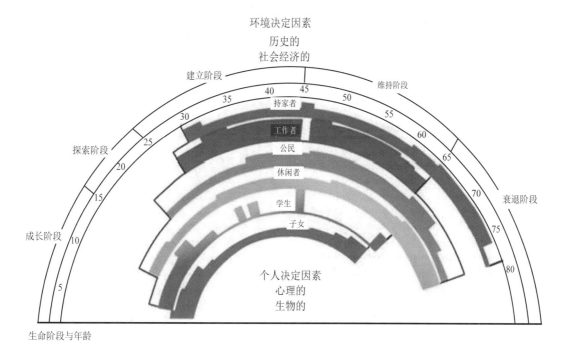

图 1-1 生涯彩虹图

五、大学生择业心理

(一) 大学生择业心理特点

1. 较强的自主择业意识与较弱的求职能力并存

当前大学生的自主择业意识明显增强,他们广泛收集就业信息,奔走于人才市场和用人单位,并通过兼职打工、勤工俭学积累求职经验,希望通过自己的努力找到理想的工作。但是他们的求职能力较弱,在求职面试时,有的大学生自吹自擂,把自己夸得学富五车、才高八斗,这样反而引起了用人单位的反感和不信任;有的大学生过度谦虚,结果让用人单位觉得他没有能力。

2. 竞争意识与依赖心理并存

当前大学生普遍具有竞争意识,都愿意在公平的竞争中施展自己的才华,实现优胜劣汰。但由于社会上还存在着一些不公平的事实与现象,加上大学生在成长过程中形成的依赖心理依然存在,因而,在择业过程中,大部分学生存在依赖意识,想依赖学校、依赖父母亲朋找一份好工作,最好有"过硬"的社会关系可以利用,这种无主见、无魄力的毕业生只会被用人单位抛弃。

3. 保守意识与激进意识并存

在择业过程中,部分毕业生向往比较稳定的职业,这导致公务员报考一年热过一年。当然,除受传统保守观念的影响外,还有"官本位"意识的影响,以及尚未建立完善的保障体系的社会现实的影响。而另一些大学生则选择了最能发挥自己才华的职业就业,不太考虑职业的稳定性。许多大学生都不介意从事非本专业的职业,更有一些学生选择了自主创业。

4. 面对挫折的积极态度与消极态度相交织

大学生在择业过程中受挫折是在所难免的。面对挫折,不同的求职者态度各不相同,结果自然也不同。有的求职者遇到挫折后能及时调整心态,从挫折与困境中走向成功;而有的求职者由于社会阅历浅,经历的磨难少,缺乏相应的自我调节能力，在受挫折时心里不容易冷静，从择业初的豪情万丈到后来的一蹶不振，最后与成功失之交臂。

(二) 大学生择业心理准备

择业是一个复杂的过程，对初次择业的大学生来说，要想择业成功，就必须了解自身的心理素质状况，对自己有一个实事求是的评价，并根据择业的需要，积极调整自己的心态，做好择业的心理准备，正确选择适合自己的职业，在职业生涯中取得辉煌成就。

1. 正确认识现实的就业形势

随着知识经济时代的到来，发展科学技术成为提高劳动生产率的主要手段，工业结构也发生了根本的变化，大量的劳动力通过人才市场实现转移。在这种转移的过程中，双向选择已被广大的劳动者和用人单位所认同，用人单位根据自身的行业特点来选才，而劳动者也根据自身的兴趣和爱好来择业。尤其是随着我国高等教育的普及，每年有数百万的大学生进入人才市场，相对于所能提供的就业岗位，可以说是"僧多粥少"。只有具备较高知识层次的人才，才有可能比较顺利地实现就业，这也是越来越多的人选择考研的根本原因。面临毕业，客观地分析当前的就业形势，是大学生要做的第一手心理准备。

2. 适时调整自己的理想

经过数年的寒窗苦读，每个毕业生的心中都有一个美好的职业理想，渴望学好本领，报效祖国，成就自身的事业。而在择业过程中，大学生可能会发现社会现实并不是自己所想的那样，很多的条件制约着理想的实现，使理想之花难以绽放。理想与现实的差距实在太大，往往是满腔热忱被泼一盆冷水。对此，大学生要有充分的思想准备，不断调整自己的职业理想，使其在一个动态的过程中与自身能力达到平衡。正确的职业理想应当在发展中不断补充、不断完善，实现社会需要与自我价值的结合。有了这样的心理准备，才能及时主动地调整自己的职业理想，顺应社会的发展。

3. 做好面向基层艰苦奋斗的准备

当前，我国正进行全方位的产业结构调整，企事业单位和机关都在实行减员增效，原先这些单位是接纳毕业生的大户，现在对人才的需求量却大大降低。同时，一些国防科技企业、国家重点建设单位、边远地区、艰苦行业又急需人才。为改变基层人才紧缺的现状，国家号召毕业生到基层去，做艰苦的创业者，为人民服务。任何大事业都要从基层做起，基层是社会的基础，扎根基层是成就辉煌事业的起点。在那里，大学生可以体验到主人翁的责任感，激发出改造落后面貌的热情。

4. 做好跨专业就业的准备

学以致用是大学生就业的原则。但在实现就业的过程中，往往会碰到专业不对口的状况，面对林林总总的招聘信息，就是找不到适合自己所学专业的单位。在这种情况下，大学生就不能固守自己的专业阵地不放，要放开思路，跨专业就业。一方面要有心理准备；另一方面，大学生在校期间应努力拓展自己的知识面，使自己成为一个复合型人才。人的一生是终身学习的过程，随着职业兴趣或市场对职业需求的改变，一个人一辈子学几个专业、更换十多种职业也是正常的。

5. 做好竞争的心理准备

毕业生就业制度的改革，为毕业生和用人单位提供了双向选择的机会，使大学生能够根据国家赋予自己的权利，结合自己的专业、爱好、性格、特长、愿望等选择工作岗位，通过适当的途径和方式展示自己、推荐自己。大学生应该珍惜这个机遇，敢于竞争，努力实现自己的抱负。敢于竞争，首先要有竞争意识。大学生应该有青年人的朝气和锐气，要敢想、敢说、敢干，有敢为天下先的精神，不能唯唯诺诺、胆小怕事。敢于竞争，还要从实际出发，充分考虑自己的专业、性格、气质、爱好等，扬长避短，发挥特长。敢于竞争，要靠真才实学，而不能纸上谈兵，更不能互相拆台或互相嫉妒。

6. 保持充足的耐心

求职择业不可能是一帆风顺的，必然会经历曲折和复杂的过程，一次就能成功的概率小之又小，对此要有充分的心理准备。毕业生有的择业无门，有的久拖不决，有的举步维艰，有的好不容易落实了单位又遭遇中途变卦……这些不确定的因素无法把握，没有足够的耐心，就会心神不定、烦躁不安。因此，大学生在择业时，要有一定的承受力和忍耐力，不能自乱阵脚。要成为一个成功者，在面对各种不利因素时能够临危不乱、镇定自若是起码的素质。只有从容不迫，才能为自己赢得时间；而慌乱只会让自己手足无措，最终失去机会。

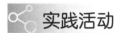

实践活动

【活动一】 目标职业决策

对大学生而言，职业决策与实施贯穿职业生涯的每一阶段。只要学会科学地进行职业决策，并积极地实施行动，就会向成功的职业生涯迈进一大步。

一、活动目的

本次活动的目的是指导学生掌握决策平衡单的决策原理，并学会使用决策平衡单进行目标职业决策。

二、活动要求

目标职业决策是在人职匹配和职业探索的基础上，对2～3个目标职业进行对比分析(如果已经确定了唯一职业，可直接进行活动三"SWOT分析"确立职业目标)，确定一个职业作为自己的职业发展方向的过程。备选的 2～3 个目标职业从某种意义上说都具有可行性。决策时常使用决策平衡单，这是一种量化的决策方法。确定目标职业时应综合考虑各种因素；待目标职业确定后，要进行反向论证。

三、活动过程

(一) 了解决策平衡单的使用

查找和阅读"职业决策技术"相关理论，思考自己选择职业时看重的因素。决策平衡单的使用步骤如下：

(1) 将 2 个或 2 个以上的可行方案填入"选择项"。

(2) 在决策平衡单的左侧垂直列出 4 个主题各自的重要价值观和考虑因素，如"个人物质方面的得失"可以包含个人收入、未来发展、休闲时间等。

(3) 给各种价值观和考虑因素分配权重(1~5)。一种价值观或考虑因素的重要性越大，它的权重就越高。5 为最高权重，表示"非常重要"；3 代表"一般"；1 代表"最不重要"。对自我需求和价值观的准确了解，是赋予价值观和考虑因素权重的前提。

(4) 按照各项职业选择满足个体价值观和考虑因素的程度进行打分。分值在 −5~+5 之间，其中 +5 表示"价值观和考虑因素在该职业选择中得到了完全的满足"，0 表示"不知道或无法确定"，而 −5 表示"价值观和考虑因素完全不能得到满足"。例如，方案一的"个人收入"最高，打 +5 分；方案二的"个人收入"最低，打 −5 分；处于中间情况，可以打 0~3 分。

(5) 计算加权分值，将各种价值观和考虑因素的权重乘以因素分值得到加权分数。

(6) 将每个选项下所有的加权分数相加，最终得分填入"总分"栏内。

(7) 比较各方案的总分大小并排出次序，作为决策参考。

在使用决策平衡单的时候，要注意其目的不仅在于得出最后的排序结果，填写过程也很重要。因为列举各项价值观和考虑因素、为其逐一分配权重以及给各项选择打分的过程本身，就是在帮助个人理清自己的思维。这样一个仔细思索和反复推敲的过程，可能比单纯得出一个结果更为重要，更能够帮助个人做出适合自己的决策。

(二) 参照案例制作决策平衡单

1. 案例阅读

李林选择了中学语文教师和出镜记者作为自己的目标职业，他对两个职业岗位不同项目进行加权分值计算，结果是中学语文教师岗位得分 191 分，出镜记者岗位得分 288 分。从得分情况来看，出镜记者岗位应作为李林的第一职业岗位选择。李林的决策平衡单详见表 1-1。

表 1-1　李林的决策平衡单

考虑因素	权重 (1~5)	中学语文教师		出镜记者	
		因素分值 (-5~+5)	加权分数	因素分值 (-5~+5)	加权分数
个人物质方面的得失：					
1. 个人收入	3	2	6	5	15
2. 未来发展	5	3	15	5	25
3. 休闲时间	2	3	6	0	0
4. 对健康的影响	3	3	9	1	3
他人物质方面的得失：					
1. 家庭收入	3	2	6	4	12
2. 家庭地位	3	2	6	3	9
个人精神方面的得失：					
1. 创造性	4	3	12	5	20
2. 多样性和变化性	4	3	12	5	20
3. 影响和帮助他人	5	3	15	5	25
4. 自由独立	5	4	20	5	25
5. 被认可	5	3	15	5	25
6. 挑战性	3	2	6	5	15
7. 应用所长	5	3	15	5	25
8. 兴趣的满足	5	3	15	5	25
他人精神方面的得失：					
1. 父亲	3	3	9	4	12
2. 母亲	3	3	9	4	12
3. 朋友	3	3	9	4	12
4. 老师	2	3	6	4	8
总分			191		288

2. 填写决策平衡单

参照案例，填写决策平衡单(见表1-2)，进行职业决策。根据目标决策的结果，完成结果分析，同时完成生涯决策单(见图1-2和图1-3)。

表1-2　决 策 平 衡 单

考虑因素	权重 (1～5)	选择一		选择二		选择三	
		因素分值 (−5～+5)	加权分数	因素分值 (−5～+5)	加权分数	因素分值 (−5～+5)	加权分数
个人物质方面的得失 1. 2. 3. 4.							
他人物质方面的得失 1. 2.							
个人精神方面的得失 1. 2.							
他人精神方面的得失 1. 2.							
总分							

结果分析：

_____

_____

_____

_____

_____

_____

_____

图 1-2　生涯决策单 1

图 1-3　生涯决策单 2

【活动二】 目标地域选择

一、活动目的

通过对目标地域的了解，明确目标地域选择正确与否。

二、活动过程

(一) 分析

思考自己将来可能的从业地点，对这些地点进行以下分析。

(1) 该地区的基本环境(气候、饮食、风土文化等)。

_____

_____

_____

_____

(2) 该地区的工作要求(整体的工作强度、节奏的快慢、工作时长等)。

_____

_____

_____

_____

(3) 职业获取可行性(通过什么方式获得这个地方的工作)。

_____

_____

_____

_____

(4) 生存成本(吃穿住用行、组建家庭、就医等)。

婚前：_____

_____

婚后：_____

_____

(二) 结论

综合以上分析，适合自己的从业地点是_____

简要叙述目标地域选择，并说明理由。

_____

_____

_____

_____

_____

_____

_____

_____

_____

_____

_____

_____

【活动三】　SWOT 分析

一、活动目的

职业目标是指自己在未来职业发展过程中预期达到的程度。在个人的目标职业、工作岗位和就业地点确定的基础上，通过 SWOT 分析法对自己职业发展的各种因素进行分析，强化优势、减小劣势、抓住机会、化解威胁，确定职业发展路径，明确职业发展目标，了解自身条件与职业目标实现之间的差距，为制订职业生涯实施计划提供依据。

二、活动要求

明确职业发展的总目标和阶段性目标，用阶段性目标支撑总目标的实现，形成相互联系的目标体系。目标要具体明确，并写出各目标的起讫时间；注重自身条件与目标之间的劣势分析，根据劣势因素的弥补措施来确定目标体系的科学性和可行性。

三、活动过程

(一) 分析

阅读有关"SWOT 分析法"的理论，思考目标职业环境中的机会和威胁、自身的优势和劣势，确定职业目标，明确自身现状，找出目标与现状之间的差距，确定弥补差距的措施，调整完善目标。

对个人自身条件的优势与劣势进行分析，所涉内容包括：

(1) 职业爱好。

(2) 学习能力(学习速度、学习深度、擅长的学科)。

(3) 工作态度(对工作执着上进的程度)。

(4) 交往能力(交往意愿、交往范围、交往深度、合作经验)。

(5) 自己的资金、家庭、朋友的支持程度。

对外部环境的机会与威胁进行分析，所涉内容包括：

(1) 国际环境(行业的开放性、外资情况、全球经济情况)。

(2) 国内环境(政策导向、人口结构、GDP)。

(3) 所在地区或城市的情况。

(4) 学校的情况、专业的情况。

(5) 行业的情况(行业特性、行业景气度、行业发展趋势、竞争程度、上下游产业链)。

(6) 企业的发展状况(老板、高级管理者、企业文化和制度、产品和市场、竞争对手)。

(7) 岗位情况(岗位发展趋势、竞争程度、待遇水平)。

(二) 参照案例做出自己的 SWOT 分析

1. 案例阅读

王铮的职业目标是创办自己的旅行社。根据其 SWOT 分析(见表 1-3)，其个人优势和机会大于劣势和威胁，具有能力优势、发展条件优势，只要在校期间考取导游资格证、积累职业经验，毕业后有可能实现自己的职业目标。

表 1-3　王铮的 SWOT 分析

外 部 因 素	内 部 因 素	
	优势(Strengths) 1. 开朗、活泼、乐观； 2. 具有较强的语言表达、组织及领导能力； 3. 喜欢登山和周游世界，对中国古老的历史文化很感兴趣； 4. 具有探险精神、创造意识及克服困难的勇气； 5. 有家人的支持。	劣势(Weaknesses) 1. 非旅游专业出身，专业知识不足； 2. 没有导游资格证； 3. 对各地风俗民情缺乏了解； 4. 外语口语能力不强； 5. 没有导游工作经验。
机会(Opportunities) 1. 市场规模逐年增大：美国运通公司调查显示，近 5 年我国将成为世界第三大商务旅游市场； 2. 政府支持：政府大力扶持旅游业，国务院《关于加快发展旅游业的意见》出台。湖北省将着力打造"鄂西北生态旅游圈"； 3. 客源市场前景广阔：我国与国外的商贸往来频繁，众多的商务旅游者来到湖北省； 4. 我国将需要大量导游工作者。	机会-优势(OS)策略 1. 学习国家出台的旅游业方面的政策； 2. 利用假期实地了解湖北省商务旅游情况。	机会-劣势(OW)策略 1. 旁听旅游专业课程，选修旅游专业课程，拿到旅游课程相关的学分； 2. 考取导游资格证； 3. 利用假期了解湖北各地风俗民情； 4. 旁听英语口语课程； 5. 利用假期去商务旅行社实习，免费为导游当助手。
威胁(Threats) 1. 商务旅游意识淡薄：我国还不能真正区分商务旅游与常规旅游； 2. 商务旅游市场专业性不足； 3. 商务旅游市场竞争加剧：更多的国际旅游巨头正迅速进入我国市场； 4. 旅游从业人员要求相对较低，就业竞争激烈。	威胁-优势(TS)策略 全面学习旅游基础知识，深入学习商务旅游知识。	威胁-劣势(TW)策略 1. 创办鄂西圈内专业的商务旅行社； 2. 条件允许的情况下，出国考察商务旅游情况。

2. SWOT 分析

根据王铮的 SWOT 分析，做出自己的 SWOT 分析，填写表 1-4，并根据表格内容得出结论。

表 1-4　自己的 SWOT 分析

外 部 因 素	内 部 因 素	
	优势(Strengths)	劣势(Weaknesses)
机会(Opportunities)	机会-优势(OS)策略	机会-劣势(OW)策略
威胁(Threats)	威胁-优势(TS)策略	威胁-劣势(TW)策略

结论：_____

_____

_____

_____

_____

_____

_____

_____

_____

【活动四】 制订职业生涯规划书

一、活动目的

掌握职业生涯规划设计与制订的基本方法，制订切实可行的职业生涯规划书。

二、活动要求

撰写职业生涯规划书，必须根据自己的学习、生活等情况，结合专业背景与社会需求，进行科学合理的职业定位，并制订可行的实施计划。职业生涯规划设计要充分发挥自己的创造力，展现自己个性化的特点。严禁抄袭、剽窃。

三、活动过程

查找一个表格式职业生涯规划书，见表 1-5，根据它直观、简洁、便于档案式管理的特点，制作一个自己的职业生涯规划书。

表 1-5　表格式职业生涯规划书

姓名		性别		年龄		联系电话	
自我分析结果	职业兴趣： 性格： 技能： 价值观： 总结：						
目标职业环境 因素分析结果	目标职业发展现状与未来： 目标职业对应的工作岗位： 目标工作岗位及工作内容： 目标工作岗位的从业条件： 自身的优势与不足：						
目标职业及职业目标							
职业生涯路线							
职业生涯目标	大学目标		起讫时间				
	中期目标		起讫时间				
	长期目标		起讫时间				

续表

		具体计划	详细计划	起讫时间	考核指标
完成大学目标计划	第一学期				
	第二学期				
	第三学期				
	第四学期				
	第五学期				
	第六学期				
	第七学期				
完成中期目标计划		具体计划	详细计划	起讫时间	考核指标
完成长期目标计划		具体计划	详细计划	起讫时间	考核指标

【活动五】 职业生涯规划设计展示

一、活动目的

通过职业生涯规划展示，进一步学习、掌握职业生涯规划设计的基本方法，培养就业自主意识，明确职业目标选择，完善职业生涯规划设计，提高综合素质。

二、活动要求

制作演示文稿 PPT，陈述时间为 6 分钟，答辩时间为 2 分钟。

三、活动过程

(一) 活动准备

班干部和职业发展部委员做以下准备工作：

(1) 制作含有学生名单的打分表，按照展示顺序排列。(打分表份数为评委数 + 1)

(2) 安排一名主持人和一名计分员兼计时员。

(3) 提前把全班同学的 PPT 拷贝在一个 U 盘上，每个 PPT 文件以该同学的姓名命名。

(二) 现场展示

参与者按顺序进行 PPT 演示，现场陈述、答辩。

(三) 考核评分

评委对现场展示与答辩情况进行评分，满分 100 分。

1. 现场展示参考评分标准(80 分)

(1) 内容的完整性(30 分)。展示内容完整、系统、突出，准确把握职业规划设计的核心和关键。

(2) 自我表达能力(20 分)。普通话标准、清晰，语言流畅，语速适中，表达简洁。

(3) 展示效果(20 分)。表现力强，有感染力，控场灵活有效，能够调动观众的情绪，现场互动效果优良。

(4) 礼仪(10 分)。着装得体，仪态端庄、大方。

2. 答辩参考评分标准(20 分)

(1) 准确性(10 分)。能够准确回答评委提出的问题，内容完整、精确。

(2) 条理性(5 分)。逻辑清晰，结构合理，回答的内容关联性强。

(3) 答辩效果(5 分)。思维敏捷，语言能力强，现场反应迅速。

课后自测

一、单项选择题

1. 以下不属于职业选择原则的是？(   )。

A. 择己所爱原则

B. 择己所长原则

C. 择世所需原则

D. 利益最大化原则

2. 以下对"职业选择"的作用理解不正确的是(　　)。

A. 有利于促进学生生涯发展

B. 有利于社会经济发展

C. 有利于国家繁荣

D. 有利于物质要素与劳动要素良性组合

二、多项选择题

1. 职业选择要考虑的因素有(　　)。

A. 职业意向　　　　　　　　　　B. 职业能力

C. 职业岗位　　　　　　　　　　D. 毕业后去向

2. 职业选择的决策原则有(　　)。

A. 择己所爱原则　　　　　　　　B. 择世所需原则

C. 择己所长原则　　　　　　　　D. 择己所利原则

三、实践题

试着进行目标职业决策、目标地域选择，通过 SWOT 分析法对有关自己职业发展的各种因素进行分析，完成职业生涯规划书的制订，并进行汇报展示。

拓展阅读

工作虽说有千千万万，但归根结底只有四种：第一种是你要在某个机构拿工资，俗称"打工"；第二种是你要为别人发工资，俗称"老板"；第三种是你要给自己发工资，靠劳动与专业挣钱，俗称"自雇人士"，例如个体户与专业人士；第四种是你没有工资，靠投资收益来赚钱，俗称"资本家"。

你这辈子究竟靠什么谋生？靠什么赚钱？越早定位清晰越好。越早定位，你越有充足的时间来准备与调整。方向对了，路途再怎么遥远，总有一天都会到达。

有人将我们在职场的一生标注了以下十分贴切的警语，你是否也有同感？

十八岁的你，不敢尝试，只走父母为你铺好的路：你被乖乖听话给毁了。

二十岁的你，犯错会被原谅，但你总不能老是出错，老是等着被原谅。

二十五岁的你，死都不肯改变，每个月只领固定的工资：你被观念给捆绑了。

三十岁的你，过了职场体验期，不愿拼搏，安于现状，眼巴巴地望着他人的成功：你被懒惰给毁了。你没有本钱再犯错，因为一旦犯错可能会被开除。你将面对的残酷现实是：在职场上，你的同学、同事不停地往上攀爬，要是你还在原地踏步，你们之间的差距会越来越大。

四十岁的你，没有四十不惑，而是一脸迷惑，天天羡慕他人的荣华富贵：你让面子给毁了。

五十岁的你，没有乐天知命，而是自觉苦命，成天顾及一家老小：你被顾虑太多给捆绑了。

六十岁的你，枯坐在摇椅上慢慢摇，想着人生不能将就。但是这一切都太迟了！

"少壮不努力，老大徒伤悲。"很多年轻人总以为青春永驻，以致空掷时光，错失良机，老来空余一声叹息，这是人生第一大悲哀。

中国有句老话："男怕入错行，女怕嫁错郎。"应该说，一些人年轻时之所以选错职业，与得过且过的安逸心态不无关系。

今日求稳定，未来不稳定；年轻不吃苦，老来必吃苦。

项目二　适应职场环境

 课前预习

【项目目标】

本项目主要培养学生的爱岗敬业意识、岗位责任感以及创新意识。

知识目标：了解所在专业的职业发展情况、学校和职场的差别、职场环境因素、工作中常见问题等。

技能目标：能进行社会适应能力诊断，能解决职场中的常见问题，具备快速适应职场环境的能力。

【思维导图】

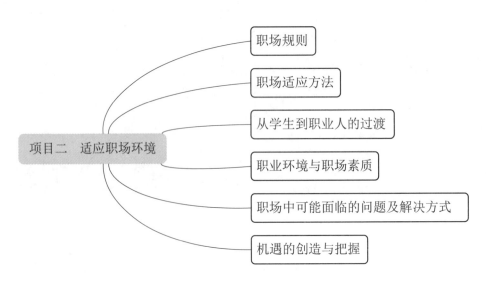

【课前思考】

1. 在实习工作中，你是否为自己设定过目标？目标的完成情况如何？你是否进行过反思？遇到过哪些困惑？根据自身情况，填写表 2-1。

表 2-1　实习工作情况表

项　目	具　体　内　容
实习单位	
实习任务	
实习目标	
主要负责工作	
完成情况	
反思	

2. 作为一个职场新人，需要做的事情很多，首先要做的是使自己尽快从"校园人"成功转变成"职业人"。在第三学期的工作实习中，对于"校园人"与"职业人"的区别，你是否有清晰的认识呢？试着完成下列表格。

老师与老板的区别：

老　师	老　板

同学与同事的区别：

同　学	同　事

社会责任：

学　生	职　员

角色权利：

学　生	职　员

教师精讲

案例引入

耍心眼，懒马被杀

二马拉车，一匹马卖力走得快，另一匹马故意走得很慢，行进途中逐渐掉了队。主人见状，干脆将后面马车上的货物挪到了前一辆马车上。后面那匹马"如释重负"，轻快地走到了前面，并对前一匹马说："对不起，辛苦你了。你越是能干越受罪，苦可是你自己找的。"到达目的地后，有人对主人说："你那匹马能干两匹马的活，不如好好喂它，杀掉另一匹，还能得到一张皮。"主人点头称是，便把懒马杀掉了，而那匹拉车的马虽然辛苦，却安然无恙，而且得到了更好的养护。

解析：

若将企业比喻成负重的马车，则全体员工都是拉车的马：若人人都尽职用力，企业的马车就会跑得快；反之，若一部分人投机取巧、不肯用力，则其他大多数"马"就会感觉很累，马车也难以跑快。这就是经济学中所谓的"懒马效应"。

一、职场规则

(一) 职场新人法则

1. 拥有学习心态

保持良好的学习心态是提高学习效率和取得优秀学习成果的关键之一。保持学习心态，还可以让我们提高自己的认知和眼界，在认识问题方面保持一定的高度，不会被别人轻易取代。

2. 保持良好沟通

在公司内部，良好的沟通是很重要的。在工作上保持沟通，有助于了解大家的工作进度，推动各种工作的交接，特别是不同部门在做同一个项目的时候，更加要注意沟通，防止工作中出错。

3. 制订工作计划

好的工作计划可以提高工作效率，让自己清楚每件事的主次之分。紧急的、重要的事情要先做；不紧急、不重要的琐事可以晚一点做或者不做。

4. 学会做事做人

所谓高调做事，就是做事不要藏着掖着，要让大家知道你在做什么，做每一件事情之前和做好之后，要及时汇报和反映情况，对于难度较大的工作要及时反馈工作进度；所谓低调做人，是指与人交往时要谦虚谨慎、尊重别人，不要自视甚高、贬低他人。

(二) 职场生存法则

1. 精通自己的专业领域

职场竞争日益激烈，要在众多竞争者中脱颖而出，必须不断学习和提升自己的专业知识与技能，跟进行业动态，保持对新技术和趋势的敏感度。只有通过不断积累经验和展示自己的专业素养，才有可能树立起自己在职场上的权威性和影响力。

2. 建立良好的人际关系

人际关系是职场成功的关键因素之一。强大的人际网络能够提供支持、指导和机会。要注重与他人的良好沟通，倾听他人的观点，积极分享自己的经验和知识。通过建立信任、合作和互相帮助的关系，将自己融入团队，提高工作效率和质量。

3. 拥有卓越的处理能力

在职场上，问题和挑战无处不在。拥有卓越的问题解决能力可以使自己在困境中快速找到解决方案，并且能够从容应对各种复杂情况。因此，应注重培养批判性思维和分析问题的能力，善于发现潜在的机会和风险，灵活应对变化和挑战。同时，要善于团队合作，寻求他人的意见和建议，共同寻找最佳解决方案。

4. 科学地管理时间

在职场中，时间就是金钱。优秀的时间管理能力可以帮助自己高效地完成任务，提高工作效率。在工作中，应合理安排工作计划，设定明确的目标和优先级，避免拖延和浪费时间，学会拒绝一些无关紧要的事情，集中精力处理重要任务，并合理分配时间来平衡工作和生活。

5. 提高自己的核心能力

职场是一个不断变化和发展的环境，持续学习和自我提升是保持竞争力的关键。大学生应通过参加培训、研讨会、行业交流等活动，不断学习新知识和新技能，提升自己的个人价值，保持积极的学习态度和开放的思维，主动寻求反馈和改进，逐步提高自己的工作能力和职业素养。

案例引入

一张人生之旅永远的坐票

有一个人经常出差，经常买不到对号入座的车票。可是无论长途短途，无论车上多挤，他总能找到座位。他的办法其实很简单，就是耐心地一节车厢一节车厢地找过去。这个办法听上去似乎并不高明，但很管用。每一次，他都做好了从第一节车厢走到最后一节车厢的准备，可是每次他都用不着走到最后就会发现空位。他说，这是因为像他这样锲而不舍找座位的乘客实在不多。经常发生这种情况：在他落座的车厢里尚余若干座位，而在其他车厢的过道和车厢接头处，居然人满为患。他说，大多数乘客轻易就被一两节车厢拥挤的表面现象迷惑了，不大细想在数十次的停靠之中，在火车十几个车门处上上下下的流动中，蕴藏着不少提供座位的机遇；即使想到了，他们也没有那一份寻找的耐心。眼前一方小小的立足之地很容易让大多数人满足，为了一两个座位，背负着行囊挤来挤去，有些人会觉得不值。他们还担心万一找不到座位，回头连个好好站着的地方也没有了。与生活中一些安于现状、不思进取、害怕失败的人永远只能滞留在没有成功的起点一样，这些不愿主动找座位的乘客大多只能在上车时最初的落脚之处一直站到下车。

解析：

自信、执着、富有远见、勤于实践，会让你握有一张人生之旅永远的坐票。

二、职场适应方法

职场的生存竞争日益激烈，如何适应职场、开拓职场，是每个进入职场的人都要面临的挑战。建议大家从以下几个方面入手，积极进取，才有可能取得成功。

(一) 提升职业技能

职业技能是职业适应的首要条件。如果不努力提升自己的职业技能，则不仅难以适应职场，也会影响个人的职业发展。提升职业技能的方法包括参加培训、学习新技能、积累经验和寻求帮助等。通过这些方法，不仅能够提升职业素质，还能够提高职场竞争力，更好地适应职场。

(二) 加强沟通能力

沟通是在职场中最为重要的技能之一。要想适应职场，必须具备良好的沟通能力，能够与同事、上级和下属进行有效的沟通。加强沟通能力的方法包括学会倾听、善于表达、尊重他人意见以及掌握沟通方式等。只有掌握良好的沟通技能，才能在职场中更好地适应自己的工作。

(三) 建立良好关系

建立与同事、上级和客户的良好关系是适应职场的另一个重要方法。良好的关系可以增进对彼此的了解和信任，减少工作中的障碍和矛盾。建立良好关系的方法包括积极参加活动、主动与他人交往、保持乐观心态以及建立信任等。只有建立良好的关系，才能够更好地适应职场。

(四) 做好时间管理

时间是职业成功的关键因素之一，优秀的时间管理能力有助于提高工作效率和质量，提升职业素质和竞争力，更好地适应职场。时间管理包括制订明确的工作计划、合理安排工作时间、减少时间浪费和分配优先级等。只有有效地管理时间，才能更好地适应职场和工作。

【思考一下】

结合自身实习经历，谈谈如何提高职场适应能力。

_____

_____

_____

_____

三、从学生到职业人的过渡

(一) 学校和职场的差别

学校与职场的不同，主要表现在以下几个方面：

(1) 学校的目的是培养人才，学生在学校学习知识，在职场使用知识。公司的目的首先是生存、赚钱，然后才是培养人才。

(2) 在学校里，学生基本上都是"单打独斗"，独立完成各种作业、考卷、设计等，即使要做一些小组作业，比较努力的学生也能独立完成。但是在工作场所中，几乎所有的任务都需要通过团队合作来完成，而且任务的完成会受到前一个环节的制约，也会影响下一个环节，甚至整个公司。所以，在工作中，如果你不善于沟通，不能与人合作，你就不可能"毕业"。

(3) 学校和职场都很重视成绩，但一个更重视学习成绩，另一个更重视工作表现。因为考试是在一定的时间内进行的，对人的短时记忆和处理复杂信息的能力有较高的要求，所以高智商的人在考试中特别占便宜，在学校很容易取得好成绩。但是，职场成绩不是智商所能决定的。外国专家的研究表明，职业成就的 20% 取决于智商，80% 取决于情商。

(4) 在学校，无论你以何种方式学习，只要完成了学习任务就行了；但是在职场中却存在着各种各样的规则和惯例，强迫你以某种方式去工作。所以在学校里，你可以一个人闷头读书，不向老师、同学"取经"也可以轻松通过考试；工作后，如果你还这么闷头做事，没有随时向领导、同事请教的习惯，你不但很难完成工作，还可能捅出娄子，给自己和公司带来意想不到的麻烦。

(5) 在学校犯错误，后果不会太严重，至少对学校的生死存亡影响不会太大；在职场，一个小小的错误，不但会影响到你的个人发展，而且会给你的单位带来很大的损失。

(6) 学校的管理相对宽松，有很大的自由度；而企业更多的是要求服从、遵守、依规办事，违法乱纪即罚，制度严格，必须执行。

由于学校和职场这两种环境有着如此多的不同之处，对于刚进入职场的新人来说，尽快让自己"去学生化""职业化"就显得尤为重要。

（二）学生和职业人的差别

(1) 目的不同：对于大学生来说，目的是学到知识，考个好成绩；而职业人的目的是完成公司交办的某项工作。

(2) 所需要的技能不一样：学生所需的技能是良好的记忆力和逻辑思维能力；而职业人需要的是沟通、协作以及专业技术等能力，需要掌握更多的技能。

(3) 工作方法不同：学生的工作方法是个人的独立行为，每位学生对自己的成绩负责；而作为职业人，更强调团队合作。

(4) 承担的责任不同：大学生以学习、探索为主要任务，在学习方面可以依靠导师，有什么问题可以向导师请教，在生活上有困难可以依靠父母，总之，大学生在学校里基本没有负担。而成为一个职业人，应尽快地适应社会。必须学会服从领导和管理，迅速适应上级的管理风格。职业人如果在工作中犯了错误，就要承担成本和风险，承担相应的社会责任。

【思考一下】

结合自身经历，谈谈如何快速完成从学生到职业人的转变。

_____

_____

_____

_____

_____

_____

_____

四、职业环境与职场素质

(一) 职业环境

职业环境一般指某职业在社会大环境中的发展状况、技术含量、社会地位、未来发展趋势等。通过职业环境分析，弄清职业环境对职业发展的要求、影响及作用，对各种影响因素加以衡量、评估并做出反应。

职业环境从以下四方面分析：

(1) 行业分析，如××行业现状及发展趋势，属于人职匹配分析。

(2) 职业分析，如××职业的工作内容、工作要求、发展前景，属于人岗匹配分析。

(3) 企业分析，如××单位类型、企业文化、发展前景、发展阶段、产品服务、员工素质、工作氛围等，属于人企匹配分析。

(4) 地域分析，如××工作城市的发展前景、文化特点、气候水土、人际关系等，属于地域匹配分析。

(二) 不同职业对人才素质的要求

职业素质是指从事专门职业的人自身所具备的各种综合条件。不同职业对人才素质的要求是不同的。但是尽管社会上的职业千差万别，也有一些对人的素质的共性的要求。

1. 事业心和责任感

事业心是指干一番事业的决心。有事业心的人目光远大、心胸开阔，能克服常人难以克服的困难，成为社会上的佼佼者。责任感就是把个人利益同国家和社会的发展紧密联系起来，树立强烈的历史使命感和社会责任感。只有拥有较强事业心和责任感的大学生才能与单位同甘共苦，才能将自己的知识和才能充分发挥出来，从而创造价值。近年来，由于"先就业后择业"观念的流行，很多大学生在找不到理想职业的情况下在自己不甚满意的单位工作，事业心不强，缺乏责任感，总觉得不能实现自己的个人价值，在工作中怨声载道，稍不顺心就"跳槽"，给用人单位留下极不好的印象。大学毕业生应注重事业心和责任感的培养。

2. 职业道德

近几年的毕业生就业调查发现，超过两成的用人单位认为现阶段的相当部分大学毕业生缺乏职业道德，而只有不足 4% 的大学生意识到了这一点。可见大学毕业生的职业道德不能令人满意。职业道德体现在每一个具体职业中，任何一个具体职业都有本行业的规范，这些规范是人们对职业活动的客观要求。从业者必须对社会承担必要的职责，遵守职业道德，敬业、勤业。具体来说，就是热爱本职工作，恪尽职守，讲究职业信誉，刻苦钻研本职业务，对技术和专业精益求精。在今天，敬业勤业具有新的、丰富的内涵和标准。不计较个人得失、全心全意为人民服务、勤奋开拓、求实创新等，都是新时代对大学毕业生职业道德的要求。缺乏职业道德的大学生不可能在工作中尽心尽力，更谈不上有所作为；相反，如果大学毕业生拥有崇高的职业道德，不断努力，那么在任何职业上都会作出贡献，在服务社会的同时体现个人价值。

3. 专业基础

随着科学技术的迅速发展，社会化大生产不断壮大，现代职业对从业人员的专业要求越来越高，专业化的倾向越来越明显。"万金油"式的人才已经不能满足市场的需求，只有拥有"一专多能"，才能在求职过程中取胜。大学毕业生应该拥有深厚扎实的基础知识和广博精深的专业知识。基础知识、基本理论是知识结构的根基，拥有深厚扎实的基础知识，才能有持续学习和发展的基础和动力。专业知识是知识结构的核心部分，大学生要对自己所从事专业的知识和技术精益求精，对学科的历史、现状和发展趋势有较深的认识和系统的了解，并善于将所学的专业和其他领域相关知识紧密联系起来。

4. 学习能力

现代社会科学技术飞速发展，一日千里。只有基础牢，会学习，善于汲取新知识、新经验，不断在各方面完善自己，才能跟上时代的步伐。有调查显示，一个大学毕业生在学校获得的知识只占其一生工作所需知识的 10%，其余知识需在毕业后的继续学习中不断获取。徐匡迪院士也提醒我们，大学生所学知识的 2/3 需要重新学习和更新，只有知道怎样学习和不断学习，才有可能不被社会淘汰。在现代社会中，政治、经济、文化、科技等方面有着千丝万缕的联系，只懂得某一方面的知识是不行的，只有知识面宽的人，才能触类旁通，快速进入角色。因此，大学毕业生在学好专业知识的同时，更要培养和提高自己的学习能力，根据工作的需要不断调整自己的知识结构，加速知识的更新换代，以适应社会需求。

5. 创新精神

现代社会日新月异，我们不能墨守成规。在市场经济条件下，各企业都要参与激烈的市场竞争。用人单位迫切需要大学生运用创新精神和专业知识来帮助他们改造技术，加强企业管理，使产品不断更新和发展，给企业带来新的活力。江泽民同志指出："创新是一个民族进步的灵魂，是国家兴旺发达的不竭动力。"科利华软件集团总裁宋朝弟认为，信息时代是物质性极弱的时代，非物质需求成为人类的重要需求。信息网络的全球架构使人类生活的秩序和结构发生根本变化，人才，尤其是信息时代的人才，更需要创新精神。

6. 身心素质

现代社会生活节奏快，工作压力大，没有健康的体魄很难适应。用人单位都希望自己的员工能健康地为单位多做贡献，而不希望看到他们经常请病假或者报销医药费。身体有疾病的员工不但会耽误自己的工作，还有可能对单位的其他同事造成影响。用人单位和大学生签订协议书之前，都会要求大学生提交身体检查报告，如果身体不健康，即使其他方面非常优秀，也很可能会被拒之门外。加强锻炼、提高身体素质是大学生的必修课。近几年，校园里频繁出现大学生由于心理素质差、自我调适能力弱而导致的惨剧。大学毕业生在走出校园以后，会遇到更加复杂的人际关系、更为沉重的工作压力，大学毕业生需要很好地进行自我调适以适应社会。

五、职场中可能面临的问题及解决方式

职场中的问题是每个职场人都会遇到的，可能是来自同事的工作挑战、难以解决的公司矛盾，也可能是个人情感困境、家庭干扰。无论是什么样的问题，都需要职场人找到正确的方法来解决它。

职场中常见问题及解决方案如下。

(一) 没有得到升职或加薪的机会

如果你一直在公司工作，并且感觉自己已经做得很出色了，但没有得到升职或加薪的机会，那么你需要考虑下面几个方面。

(1) 你是否满足了升职或加薪的要求？

如果你没有满足升职或加薪的要求，那么应该认真思考一下自己升职加薪可能性，并努力改进自己的能力和技术。如果你认为自己已经取得了显著的进步，则可以向老板说明你的工作成果和提升点，表明自己希望能够得到更多的认可。

(2) 你是否寻找了机会？

如果你没有得到升职或加薪的机会，那么你需要认真思考自己的职业目标，并寻找相关的职位信息，然后向经理表达你的兴趣，找到机会让你在公司内部晋升。

(二) 同事之间的差异和矛盾

职场中，同事之间存在着各种各样的矛盾和争议，这会让你的工作和工作环境非常不愉快。要解决同事间的矛盾，你可以尝试以下几种方法。

1. 保持冷静

当同事之间发生矛盾时，首先要保持冷静，不要轻易发脾气或责怪对方，这样会让事情变得更糟。

2. 探索原因

尝试真诚地探索矛盾的根本原因。问问自己和对方，找到真正的问题所在，然后双方共同寻找建设性的方式解决问题。

3. 与上级领导或人事部门联系

如果你无法处理同事之间的纠纷，或者矛盾一直存在，那么可以向公司的上级领导或人事部门报告，寻求帮助。

(三) 工作量过大，难以处理

工作量过大是职场人的普遍困扰。如果你感觉自己忙不过来，那么可以尝试以下几种方法。

1. 分配工作优先级

将工作分解成较小的部分，确定哪些更重要、更紧迫或需要的时间更长，优先完成它们。这样你就能客观地看到你需要给哪些工作分配更多的时间和精力。

2. 合理利用自己的时间

要学会管理时间，根据任务优先级合理安排时间，从而提高工作效率和质量。集中处理单一任务，如规定一段时间来查看电子邮件，而不是整个工作日都停留在电子邮件中。

(四) 面对竞争对手

职场竞争如同空气般无处不在，是推动个人与组织进步的隐形引擎。与其将其视为威胁，不如视作磨砺自身的契机。要在这股洪流中稳住阵脚、脱颖而出，关键在于修炼"内功"，而非"外斗"。

1. 集中于自己的工作

在职场竞争中，创造有利于深度工作的环境，减少不必要的干扰，心无旁骛地投入，才能产生真正有竞争力的成果。持续学习新知识、新技能，努力成为某个细分领域的专家或"解题高手"，将100%的精力投入到如何把自己的工作做得更好、更精、更深，这种内在的笃定感能有效化解竞争焦虑。

2. 找到自身价值

在职场竞争中，应积极建立基于信任、尊重和互助的职场关系。良好的人际网络能让你更敏锐地感知价值发挥的空间，并获得实现价值的助力。在完成分内事的同时，还应主动寻找机会将你的独特价值应用于更广泛的领域，比如承担挑战性项目，解决跨部门难题，分享专业知识，帮助同事成长，等等，让你的价值在行动中被看见、被认可。

面对职场竞争，"集中于自己的工作"是根基，可确保你立于不败之地；"找到自身价值"是灯塔，指引你走向卓越与独特。专注工作为你的价值提供坚实基础和硬核支撑；清晰的价值定位则让你专注的方向更精准、更有力、更具差异化。有了这两个"法宝"，你便能化竞争压力为内生动力，在喧嚣的职场中保持战略定力，将精力聚焦于持续提升自我。时刻记住：最高明的竞争，是专注于成为"最好"的自己，而非"打败"他人。

六、机遇的创造与把握

要想创造和把握机遇，首先要有自信、积极的心态，不断学习和尝试新事物，并勇于挑战自己。同时，保持开放的心态，不要拒绝任何可能的机会，多与人交流、建立关系，这样才能更好地发现和把握机遇。

(一) 保持乐观心态

积极的心态能让你更有信心和勇气去尝试新的事物，并从失败中吸取教训。正面思考能让你看到问题背后的机遇和可能性。

(二) 不断学习和积累经验

能力越强，眼界越宽，越容易发现机遇并把握住它。因此，要不断地学习，提升自己的技能，并尽可能多地了解各种行业和市场信息。

(三) 打破舒适区

如果一直处于安逸的环境里，就很难遇到机遇。要敢于挑战自己，尝试做一些自己没有做过的事情，虽然会面临一些困难和风险，但也会有更多的机会。

(四) 多与人交流和建立关系

广泛交际，多与人交流，这样才能更好地了解各种行业和市场信息，并增加自己的人脉。人际关系是一种重要的资源，它可以帮助我们找到更多的机会。

案例引入

机遇是公平的

两兄弟同在一家汽车修理厂工作，他们关系很好。两年来，他们一直在这家汽车修理厂工作，每天除了修车，什么事情都没有。弟弟总是不肯闲着，他一会儿扫地，一会儿擦玻璃，一会儿帮别人干活儿。哥哥并不那么勤快，在没事做的时候就打游戏，有时候甚至还会把工作都推给弟弟。

一天，汽车修理厂来了一位中年大叔，他说自己的车有点问题，让兄弟俩修一下。但是哥哥的游戏还没结束，于是叫弟弟对车进行检查。

经过检查,弟弟发现这辆车没有什么大问题,就是很久没有维护了,所以他对这位先生说:"你放心地把这辆车交给我,明天一定会修好的。"

中年人听了,放心地离开了。弟弟一刻不停地忙活着,他不仅修好了汽车的小毛病,而且把车擦得干干净净。此时,旁边躺着的哥哥笑着说:"老弟,不要太傻,不该做的事也做了,这么勤快有什么用?"

弟弟却笑着对他说:"反正我也没事做,擦车也是为顾客服务。等明天客人来取车的时候,看到车焕然一新,心里一定很开心。"

次日,中年人来取车,看到修好的车后,他很惊讶,向修车的弟弟连声道谢,并对他说:"我是一家大公司的董事长,你为我修车时所表现出的勤奋、细心、周到的精神,使我深受感动。你是个很好的人,想不想到我们公司来工作?"

弟弟从此换了工作,经过一番努力,他成为这家公司的部门经理,而哥哥仍在汽车修理厂干着他觉得无聊的活儿。

解析:

职场中,机遇是公平的,懒惰者等待机遇,勤奋者创造并把握机遇。

1. 勤奋创造机遇

勤奋会为你创造机会。人生在世,大事不多,要学会抓住主要矛盾和主要方面,关键是要有上进心,要有勤奋精神,要在勤奋基础上加一把劲。人与人之间的差距往往就在这最后一步。对于勤奋的人来说,机遇总是在路上,只要你不放弃,只要你坚持不懈,也许最好的机会就在前面等着你。

不要在最值得奋斗的日子,选择轻松地躺平。为我们自己,也为我们的家人,请放下安逸,为更美好的明天而奋斗!天赋通过勤奋得以发挥。人的天赋就像火花,它可以熄灭,也可以燃烧。

2. 学会抓住机遇

没有人一生中遇不到一次机遇与运气。但如果我们错过了,下一次机会不知何时到来。严肃地对待自己选择要做的事,其实就是一种对生活的态度,只有学会了付出，才不会虚度光阴。

在面对挑战时，相信自己，让自己多些自信，勇敢地去做。有机会就去试一试，持续发展超越自我的能力。人生的挑战其实无处不在，我们要清楚地认识到，在每个挑战背后，都隐藏着相同甚至更大的机会。

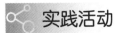 实践活动

【活动一】 职场情景剧表演

一、活动名称

从学生到职业人的华丽转身——职场情景剧表演。

二、活动背景

随着全国高校的扩招，大量的大学毕业生涌入就业市场，毕业生规模增长快速，而岗位供给量减少，"僧多粥少"的局面日益加重。大学毕业生的就业形势日趋严峻，就业压力日趋增大，今后的职场竞争也将更加激烈。

大学生生活在大学的"象牙塔"里，缺乏对职场的了解，学到的知识也往往不能与实践相结合，在职场中不能充分发挥自己的才能。调查显示，大多数用人单位反映，当前毕业生的基本工作能力与用人单位的要求脱节，缺乏实践经验，工作适应能力较弱；自我意识普遍较强，缺乏团队协作精神，不善于沟通和表达。大学生自身的问题将严重影响其将来的职业发展。在日趋激烈的职场竞争中，只有突破自己、团结他人，才能为自己赢得一片天。在此背景下，由大学生职业发展协会组织举办本次活动。

三、活动目的

从学生到职业人，中间存在着不小的差距。为了缩小这个差距，为了使社会离我们不再遥远，大学生职业发展协会决定举办本次活动，为同学们揭开职场的神秘面纱。

四、活动流程

(1) 前期准备：制作宣传海报。

(2) 中期安排：

① 成员各司其职，各部门相互配合完成工作；

② 准备活动所需材料，确定活动主持人、写主持稿；

③ 提前准备好表演场地，提前一天测试相关设备；

④ 进行职场情景剧表演。

(3) 后期总结：所有工作人员复盘此次活动。

五、参赛要求

(1) 参赛作品为 5~8 分钟的情景剧，以"职场""正能量""职场百态"为主题，具体内容、题材不限；

(2) 参赛情景剧要求剧情紧凑、逻辑清晰，能清楚体现故事完整性和严谨性；

(3) 参赛人员自行组队，人数不可超过 6 人，可跨班级、跨专业、跨年级，但不可 1 人参赛；

(4) 参赛人员自身准备表演服装；

(5) 凡是参加初赛的团队，能够按照主题要求完整演绎的，可认证为一次职业拓展活动实践课时。

【活动二】 职场必看十大电影

一、《长安的荔枝》

影片《长安的荔枝》讲述唐代九品小吏李善德被迫接下"运送岭南鲜荔枝到长安"的必死任务。他凭借算学专长拆解难题，周旋官场，借势资源，最终以民力枯竭为代价完成任务，却因揭露真相被流放岭南。该结局极具讽刺性——他虽失去官职，却因祸得福躲过"安史之乱"。影片以荒诞任务折射职场生存困境，揭示了"系统碾压下小人物的挣扎与觉醒"。

【职场启示】该影片揭示了四大职场生存法则：① 拆解不可能任务(如将宏大 KPI 转化为具体步骤);② 周旋潜规则时守住底线(不牺牲健康/良知);③ 拒绝异化——工作应为生活服务(警惕被虚名吞噬);④ 深耕细节能力，打造不可替代性(以专业破局)。该影片的核心启示是：在混沌系统中守住本心，平凡即胜利。

二、《年会不能停！》

这影片讲述了工厂钳工胡建林阴差阳错调入互联网大厂总部，因被误认为关系户而一路升职，最终在年会上揭露高层腐败。

【职场启示】影片揭示：① 潜规则碾压能力——关系大于实干，背景决定晋升(如胡建林因被误认为"太子"而升职);② 形式主义泛滥——无效加班，黑话、空话盛行，员工"表演忙碌"求生;③ 系统腐败——中层欺上瞒下，高层纵容冗余，底层成牺牲品(如"裁员广进"计划);④ 个体觉醒破局——三人组年会揭黑幕，证明坚守底线、敢于发声方能破局。该影片的核心启示是：在职场荒诞中，以专业立身，拒当"沉默螺丝钉"，是平凡人的胜利。

三、《当幸福来敲门》

克里斯·加德纳是一名普普通通的医疗器械推销员，在经济萧条时期日夜奔忙。由于不安定的生活已经影响到家庭的和睦，最终妻子忍受不了经济上的压力离开了克里斯，留下他和 5 岁的儿子克里斯托夫相依为命。凭借过人的智慧与勤恳的努力，克里斯终于迎来了那幸福的时刻……

【职场启示】如果你刚刚迈出校门，希望在未来的事业上大展身手，可是找工作的过程渐渐泯灭了你的雄心，比你有学历、有能力、有势力的人多如牛毛，你在四处碰壁后该怎么办？这部影片中，男主人公在艰难的情况下涉足一个完全没有经验的领域，并且最终赢得了高层的肯定，相信你也可以。如果你有梦想，就要守护它。

四、《早间主播》

电视节目制作人贝琪·弗勒最近可谓灾星附体、霉运连连，不仅被炒鱿鱼，还和男友分手。好在柳暗花明又一村，贝琪幸运地获得了《晨间秀》节目组的邀约，这是一档面向全国播出的晨间新闻类脱口秀节目。贝琪看似开始行大运，实则不然。节目的收视率近期连连下滑，完全是一个"烫手山芋"被丢在了贝琪手里。性格倔强不服输的贝琪决定在节目组来个大改革，遭遇重重困难的女主播最终挽救节目，获得事业成功。

【职场启示】当人们做不到一些事情的时候，他们就会对你说你也同样不能。不要听他们的，有了目标就要全力以赴，相信你可以的。

五、《实习生》

70 岁高龄的本·惠科特年轻时是个事业有成的商人，退休后不甘寂寞重返职场，以高龄实习生的身份加入了朱尔斯·奥斯汀创办的时尚购物网站。一开始，本·惠科特与公司的年轻人格格不入，但是性格随和的他很快赢得了同事们的好感与信任。本·惠科特的老板朱尔斯·奥斯汀年纪轻轻就背负了工作与家庭的重担，生活失去了平衡，连公司董事会也开始质疑她的工作能力。人生阅历丰富的本·惠科特帮助朱尔斯·奥斯汀

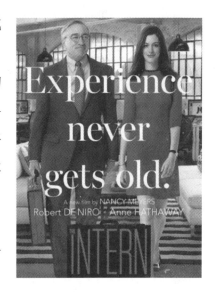

重新认识自我，两人也从上下级发展成为无话不谈的忘年交。

【职场启示】在职场中，第一放低姿态，认真完成好每一份微小的工作；第二终身学习，张开怀抱拥抱每一件新生事物；第三发挥长处，补齐团队的每一块短板。

六、《阿甘正传》

阿甘是个智商只有 75 的低能儿，在学校里，为了躲避别的孩子的欺侮，他听从朋友珍妮的话而开始"跑"，跑着躲避别人的捉弄。在中学时，他为了躲避别人而跑进了一所学校的橄榄球场，就这样跑进了大学。阿甘被破格录取，并成了橄榄球巨星，受到了肯尼迪总统的接见。后来，阿甘经历了世界风云变幻的各个历史时期，但无论何时，无论何处，无论和谁在一起，他都依然如故，纯朴而善良。

【职场启示】也许你进入职场后会觉得自卑，比你有能力的人简直太多了，你好像总是站在角落里，但你总比智商只有 75 的阿甘强吧？你要凭着自身所拥有的能力做到最好，只有忘记以往的事情，才能够继续前进。给自己树立一个目标，一直坚定不移地走下去，相信你也会拥有不一样的成功人生。

七、《肖申克的救赎》

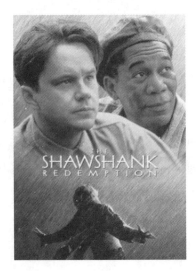

银行家安迪因被冤枉入狱，在监狱里受尽侮辱。他凭借自己丰富的知识和对希望的信仰以及坚持不懈的精神，用一把简易的石锤在牢房的墙壁上凿了个洞，用时十九年，最终逃离了肖申克监狱，实现了"自我救赎"。

【职场启示】恐惧让你沦为囚犯，希望让你重获自由。即使别人都认为你做不到，你也要心怀信念。支持你走向成功的，不是别人的看法，而是永远不灭的希望。坚强的人只能救赎自己，伟大的人才能拯救他人。

八、《跳出我天地》

11 岁的小男孩比利·艾略特是矿工之子，面对家里的男孩一定要练拳击的传统，他勇于挑战，坚持练自己钟爱的芭蕾舞，在指导老师威尔金森夫人的培养和支持下报考伦敦的皇家芭蕾学校，最终梦想成真。

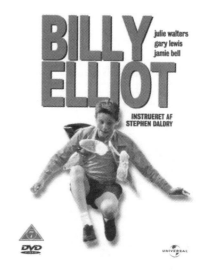

【职场启示】对梦想的执着追求，也许正是现在的人所欠缺的。也许我们晚上会想很多，但是早上起来依旧是我行我素。学学比利的执着吧，你一定会受益匪浅。

九、《决不妥协》

埃琳·布罗克维奇是一位经历了两次离婚并带着三个孩子的单身母亲，在一次交通事故之后，无路可走的埃琳只得到律师埃德·马斯瑞处打工度日。一天，埃琳偶然发现了一些十分可疑的医药单据，在埃德的支持下，埃琳发现当地社区内隐藏着重大环境污染事件，而居民们对此并未察觉。在埃琳的劝说和坚持下，居民们逐渐被打动，团结起来对抗污染，埃琳也成为他们的核心人物。在各方的帮助下，埃琳他们终于得到了赔偿，

并创造了美国历史上同类民事案件的赔偿金额之最。

【职场启示】信仰和理想赋予了平凡的人们以超人的力量，让他们做出了不平凡的事业，实现了超越平凡的价值。影片中的弱女子埃琳，正是因为坚守信仰才能够百折不挠，发挥出超乎常人的能力。每个人都是这样，要想成就一

份事业，首先要相信这份事业值得我们不惜一切去付出，同时还要相信自己完全有能力成就这份事业。

十、《华尔街之狼》

华尔街传奇人物乔丹·贝尔福特年纪轻轻就聚敛了惊人的财富，通过各种光明以及不光明的手段赚钱。现实残酷的职场中，狼性貌似是职场人士，尤其是销售出身的人必有的特性。要么成单，要么去死，华尔街就是这么残酷。乔丹·贝尔福特游走在法律边缘，度过了疯狂而贪婪的人生。

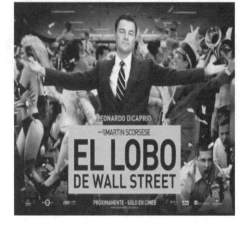

【职场启示】做好销售有三个要点：首先就是学会创造需求，当我们做销售的时候会碰到很多人说"我不需要"，这个时候我们不要放弃，要根据自己的产品为客户创造需要的条件；其次是学会逆向思维，用压力去促使客户购买，抓住客户的痛点刺激客户，这样可以快速达成交易；最后是过硬的专业能力，掌握好销售技巧，提高产品的质量，从而使客户权益得到保障。

结合以上实践活动，思考以下问题：

1. 大学生如何快速适应职场环境？

_____

_____

_____

_____

_____

_____

_____

2. 职场新人如何在职场上创造机遇、抓住机会？

_____

_____

_____

_____

_____

_____

_____

3. 职场新人如何解决职场中遇到的问题或者困难？

_____

_____

_____

_____

_____

_____

_____

_____

【活动三】　"破茧·启航：从心理适应到能力跃升"职场赋能计划

【任务一】

　　毕业在即，许多大学生很早就开始为找工作做准备，但不少大学生忽略了求职前最重要的一项准备：心理准备。当前大学生就业的心理问题主要表现在期望值过高、自我认识不充分、受挫准备缺乏、择业观存有偏颇等。大学生面对求职，应该如何准确地调整自我心理从而适应职场环境呢？每小组提出 3 条解决措施，字数不少于 300 字，并画出思维导图。

_____

_____

_____

_____

_____

_____

_____

_____

_____

【任务二】

在职场中，我们总会遇到各种各样复杂的问题，这些难题会促使我们不断增强工作能力。在工作中遇到这些困难，我们该如何有效解决呢？请模拟在职场中可能发生的某些问题或可能面临的处境，并撰写一份解决方案。字数不少于 500 字。

_____

_____

_____

_____

_____

_____

_____

_____

_____

_____

_____

_____

_____

 课后自测

一、单项选择题

1. 新员工快速适应职场环境，最重要的是要尽快做到(　　)。

A. 掌握所有工作技能，成为技术大牛

B. 理解并融入公司的文化、价值观和不成文规则

C. 和所有同事都成为好朋友

D. 让上级立刻注意到你的存在

2. 上级临时安排了一项额外且紧急的任务，打乱了你原有的工作计划。此时，你内心的正确态度应该是(　　)。

A. 极度不满，抱怨连连

B. 表面接受，但拖延完成

C. 理解工作变化是常态，评估优先级后调整计划，尽力完成

D. 直接拒绝，说自己忙不过来

二、多项选择题

1. 职场中的同事之间存在着各种各样的矛盾和争议。要解决同事间的矛盾，你可以尝试的方法有(　　)。

A. 保持冷静　　　　　　　　　　B. 探索原因

C. 与上级领导或人事部门联系　　D. 递交辞呈

2. 不同职业对人才素质的要求不同，一般职业普遍要求员工具备(　　)。

A. 事业心和责任感　　　　　　　B. 职业道德

C. 专业基础和学习能力　　　　　D. 创新精神和身心素质

3. 职业环境应该从(　　)等方面进行分析。

A. 行业分析　　　　　　　　　　B. 职业分析

C. 企业分析　　　　　　　　　　D. 地域分析

4. 职场适应方法包括(　　)。

A. 提升职业技能　　　　　　　　B. 做好时间管理

C. 加强沟通能力　　　　　　　　D. 建立良好关系

拓展阅读

东非大草原

　　东非高原之国肯尼亚境内有着面积广阔的野生动物栖息地。热带草原气候使这里形成了适宜动物生存的广阔的东非大草原,众多野生动物的栖息则令肯尼亚以野生动物资源丰富而闻名世界。比如肯尼亚的马赛马拉国家野生动物保护区内就有95种哺乳动物和450种鸟类。在这里,人们可以看到被称为"非洲五霸"的狮子、大象、犀牛、野牛和猎豹,看到堪称自然奇观的百万角马大迁徙,看到许多叫不上名字的鸟类,还可以看到保持着独特原始文化并与动物、自然和谐相处的马赛人。人与自然、人与动物的和谐相处使辽阔的东非草原一直维持着自身生态系统的平衡,这也是东非"动物天堂"的独特魅力所在。

【思考一下】

《东非大草原》的故事带给我们什么启示?

_____

_____

_____

_____

_____

_____

_____

_____

_____

_____

_____

_____

_____

_____

职 场 心 态

身在职场，来自工作、生活等各方面的压力总是或多或少地让人郁闷。近日，由国内知名网络招聘企业中华英才网公布的一项职场郁闷调查结果显示，只有5%的人能够实现每天开心地工作。而面对常有的郁闷心情，七成的职场人表示，尽管烦恼时而有之，但很快就会烟消云散。这表明，现在的职场人正越来越善于调整心态，正视工作中的烦恼。调查发现，除了17%的受访者表示烦恼是来自家庭责任的压力之外，14%的受访者认为自己颇有怀才不遇的感觉。曾经练就的一身"真功夫"，不知道在哪儿能够施展，梦想与现实相距遥远。这主要是因为自己的职场定位不清晰，对职场形势和周围环境认识不足。因此，提前给自己规划好职业道路是很有必要的。考虑清楚关乎自己理想职业的每一件事，从工作形式到工作环境，然后确定自己择业的标准或目的。具体方法是：把所追求的理想职业划分成尽可能短的多个阶段。如果自己目前只是一名普通员工，你就必须寻找一条能帮助自己达到另一职位的晋升之路。你可以观察一下是否能调到另一部门，或者先谋个较低的职务，然后找机会进修；最低限度，也要找出妨碍你日后发展的不利因素。谨记，循序渐进是改变不称心工作的最好方法。

【思考一下】

短文《职场心态》带给我们什么启示？

_____

_____

_____

_____

_____

_____

_____

_____

_____

_____

项目三　求职和面试

【项目目标】

本项目主要培养学生的职业道德规范和正确的求职意识以及诚信意识。

知识目标：了解求职的渠道、就业信息收集及处理的方法；掌握个人求职简历应包括的内容及简历设计技巧。

技能目标：能收集和处理就业信息，能根据岗位需求制作求职简历。

【思维导图】

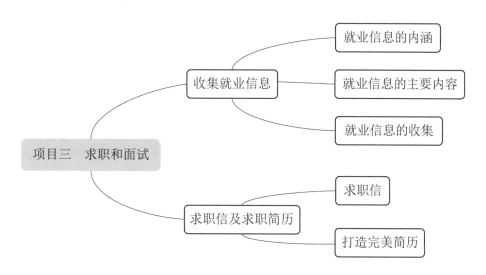

【课前思考】

1. 每个人根据自己的职业目标，收集 10 条就业信息，整理出适合自己岗位的岗位职责和任务要求，从中找出自己目前所具备的能力与任务要求之间的差距，并制订缩短差距的计划，每人完成一张思维导图或 PPT 设计。

2. 每个人按照自己应聘的岗位设计一份求职简历，要求内容齐全、逻辑清晰，各项内容属实，符合专业求职要求。

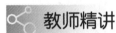

教师精讲

案例引入

八面来风善捕捉就业信息

小王大三下学期一开学便安排在外地实习两个月，正当班上其他同学整装待发之时，小王却不动声色地忙开了：他先找了班主任，拜托他如有合适单位请帮忙推荐，并留下两份自荐材料。然后他又找到学校负责就业推荐工作的老师，咨询学校大型见面会什么时候举办，企业进校招聘大概是什么时候。就业办老师建议他直接加学校就业工作的微信公众号，以便及时查看学校发布的重要信息。接下来，他走访了自己最要好的一位低年级学弟，拜托这位学弟定期到学校就业信息栏和学校就业网站看看，将重要信息及时通报给他。最后，他仔细查询了未来两个月各地人才交流会的信息，并根据实际情况做了安排。做完了以上联系工作，小王安安心心地前往外地实习去了。这样，小王尽管在外地实习，却总比班上其他同学消息灵通。他根据自己的实际情况投递了不少企业简历，选择的机会颇多，最终工作单位也顺利敲定。

解析：

在日常就业指导工作中，经常会听到有的毕业生抱怨：有这么多用人单位的需求信息，学校怎么及时通知他而不及时通知我？太不公平了！那些捷足先登者肯定是有特殊关系，得到了特殊关照！实际上，所有院校都希望尽可能多地把自己的学生推荐出去，只要掌握了用人招聘信息，就会想方设法通知有关毕业生。而实际情况是，由于毕业班学生要不外出实习，要不做毕业论文、毕业设计或外出求职，联系起来很困难，往往一条需求信息要打很多电话，有的学生还可能姗姗来迟，结果往往是那些一呼即应或平时主动联系的学生抢占先机，而联系不上或联系不及时的，则可能造成信息资源浪费，错过就业机会。

上述案例中的小王显然在这个问题上处理得很好，虽然在求职的关键时期他人在外地实习，但他能够主动密切与学校联系，使得信息来源渠道畅通无阻。因此，作为毕业生，应主动与学校各方面保持联系，为就业多找一个门路和机会。

获取求职信息是大学生进行求职的基础准备，求职信息的数量多少、质量高低、使用效率等将直接关系求职的结果。因此，大学生在正式开始自己的求职历程前，首先要重点关注的便是信息的收集和处理。信息在于寻找，机会在于把握，只有及时获取信息并有效处理，才能获得求职的主动权。

一、收集就业信息

(一) 就业信息的内涵

就业信息是指择业者事先不知道的，经过加工处理，能被择业者接收并具有一定价值的有关就业的资料和信息。就业信息可分为宏观信息和微观信息。宏观信息是指毕业生就业的总体形势、社会对人才的需求、就业政策、就业活动等。微观信息指的是具体用人信息，如单位性质、单位特色、专业要求、行业现状及发展前景、岗位描述、用人单位提供的条件等。就业信息按照不同分类标准可以分为以下几类。

1. 按就业信息内容分类

就业信息内容的重要性在于为求职者提供准确、全面、及时的就业信息，帮助他们更好地了解就业市场情况，提高就业竞争力。就业信息包括以下内容：

(1) 招聘信息：包括企业招聘岗位、职位要求、薪酬福利等方面的信息。

(2) 行业资讯：包括行业发展趋势、市场变化、行业政策等方面的信息。

(3) 培训信息：包括各种专业技能、管理能力、职业素养等方面的培训信息。

(4) 就业政策：包括政府就业政策、就业补贴、创业扶持等方面的信息。

(5) 就业资源：包括各类招聘网站、人力资源公司、招聘会等方面的就业资源信息。

总之，就业信息内容涵盖招聘、行业、培训、政策、资源等多个方面，能满足求职者对就业信息的全面需求。就业信息内容也可按照内容来源分为就业形势信息、社会需求信息和用人单位信息。其中，就业形势信息主要是指各类大学毕业生与社会用人单位之间总体的供需状况，社会需求信息是指各级、各类用人单位对毕业生的需求情况，用人单位信息是指具体的用人单位的自身情况和对毕业生的需求情况。

2. 按信息语言的形式分类

按照信息语言的不同形式，就业信息可以分为口头信息、书面信息、媒体信息和行为信息。其中，口头信息指通过与人交谈获取的信息，书面信息指通过书面材料获取的信息，媒体信息指通过各种正式公开发行、发布的媒介载体获取的信息，行为信息指通过人的面部表情和肢体语言获取的信息。

(二) 就业信息的主要内容

对于大学毕业生来说，就业信息的内容十分广泛，作为初次择业的大学毕业生，应主要了解以下三个方面的就业信息。

1. 就业政策及相关规定

(1) 了解国家就业方针、原则、政策及相关的法律法规。这是毕业生就业的出发点和落脚点，是不能违背的。毕业生只能在国家就业方针、原则和政策所规定的范围内，根据个人的情况选择职业。对于毕业生来说，必须清楚地了解就业政策和法规，学会用法律武器来保护自己。

(2) 了解地方的用人政策。如各地市、县(区)的落户政策、招聘教师政策、人事代理政策等。

2. 供求信息

(1) 当年毕业生总的供求形势。毕业生要了解本地区与自己同时毕业的学生有多少，用人单位的需求有多少；是供大于求，还是求大于供，或者两者基本平衡？哪些专业紧俏？哪些专业供大于求？

(2) 用人单位信息。在选择单位时，往往会出现这样一些错误：如对用人单位情况不甚了解，于是在择业时带有随意性和盲目性；如只挑地理位置，而不考虑用人单位的性质、业务范围和发展前景；又如只因为单位名称好听就盲目拍板等。这些都是片面的。要避免一些假象，做到对用人单位有一个比较客观的评价，关键在于多方面了解和掌握用人单位的信息。

3. 职业本身信息

(1) 职业、工种、职位：首先要了解职务、职业、职称和职位等相关概念。职务是组织内具有相当数量和重要性的一系列职位的集合或统称。职业即个人所从事的服务于社会并作为主要生活来源的工作。职称最初源于职务名称，理论上是指专业技术人员的专业技术水平、能力以及成就的等级称号，是反映专业技术人员技术水平、工作能力的标志。职位是指机关或团体中执行一定任务的位置，即企业的员工有其特定的职位。

在实际工作中，人们对于所从事的职业、工作的种类、工作的岗位给予规范名称，如工程师(职业)、会计师(职业)、监理员(职业)、计算机操作员(职业)、数控机床加工(工种)、模具钳工(工种)、高压电工(职位)、人力资源部经理(职位)等。

(2) 职业活动：职业活动是指为了实现职业功能而要做的一系列工作，包括工作职责、工作任务和工作联系。工作职责是指职权和责任；工作任务是指为了履行职责而要进行的系列活动，一个系列的活动可以认为是一组工作任务；工作联系是指在职业活动中职业人与组织内部和组织外部的组织和个人的联系。

(3) 设备工具：完成工作任务需要的设施、设备和工具，特别是要经过专门的培训才能掌握的特殊设备和工具，如专门设备、操作复杂的设备、大型精密仪器、昂贵的实验装置、航空航天设备等。

(4) 工作环境：进行职业活动的地点、场所和工作条件，如高温作业、高空作业、特种作业、野外作业等。

(5) 绩效标准：对工作职责的履行情况和工作任务的完成情况进行考核的规定，一般从数量、质量、实效性、费用(成本)和效果等方面来衡量。

(6) 职级晋升：组织内部制定和选择职业生涯路线的依据，关系到个人职业发展前景和空间。

(7) 发展前景：行业背景、发展趋势、人员需要、继续教育等情况。

(8) 薪金回报：薪酬、奖金、福利、待遇等情况。

(9) 企业状况：企业文化、企业现状与发展前景等。

(三) 就业信息的收集

1. 就业信息的处理步骤

随着信息时代的到来，信息在我们生活中的地位越来越重要，就业竞争在一定程度上是拥有信息能力的竞争。谁掌握信息多，谁就能在竞争中获取更多的机会。所以，了解就业信息的处理步骤很有必要。就业信息的处理步骤如下：收集招聘信息、列表整理、排序、了解重点单位、向所有单位发送个人资料、询问结果、辨别反馈信息。

(1) 信息收集。多一条信息，多一种机会。尽可能通过多种渠道收集与自己专业相关的招聘信息。应注意的是，一定要收集最新的信息，淘汰过时的信息，为此应注意信息发布的时间及有效时限。即使已经进行了面试，也要继续收集，直到与招聘单位签订就业协议。一般来说，协议具有法律效力，协议双方都应遵从。有的应聘者即使在协议签订后仍在继续收集招聘信息，希望找到更理想的单位，因而出现撕毁协议进行经济赔偿的情况，这应引起我们注意。

(2) 列表整理，排除重复信息。一些招聘单位利用不同渠道发布招聘信息，我们也可能从不同渠道获得同样的信息，在广泛收集的基础上剔除重复信息，以免重复劳动，花费不必要的精力。

(3) 根据自己的兴趣和爱好，结合自身特长和专业，将招聘单位按重要性或专业性进行排列和筛选。对于感兴趣的和应聘成功率较高的单位，要积极主动参与竞争。

(4) 对重点单位的性质、地点，招聘岗位职责，负责人姓名、职务、特点进行了解。这种了解很重要，可以使自己的介绍更具针对性，使对方感觉你正是他们所需要的人才；了解负责人的姓名、职务，在称呼时更显尊重、亲切，便于顺利沟通。

(5) 对感兴趣的单位，要同时发送求职信和简历，求职信必须具有针对性，不能千篇一律。

(6) 用合适的方式及时询问结果。根据招聘单位要求，采用电话、电子邮件、信件或亲自登门询问的方式，在其规定时间内询问结果。

(7) 辨别招聘单位反馈信息，防止陷阱。对那些把工作职位与工资待遇说得很高、工作条件说得很好的招聘单位，对要求你先缴纳中介费、保证金的单位或急于签订就业协议的单位，尤其要注意仔细考察。

2. 信息收集途径

收集求职信息是择业的基础，求职信息越丰富，择业的视野就越宽阔；求职信息质量越高，择业的把握就越大。因此，大学生必须利用各种渠道、各种方式，广泛、全面、准确地收集与求职有关的各种信息，为择业做好充分的准备。

(1) 学校负责主管的就业服务网站、微信和 App 等各类平台。学校毕业生就业指导中心和各院系作为毕业生就业的重要服务机构，与中央有关部委、各省市毕业生就业主管部门以及有关用人单位都保持着密切联系，其所掌握信息的准确性、权威性也相对较高。无论从哪个角度看，学校都应是收集就业信息的主要渠道之一。目前，负责各高校毕业生就业工作的职能部门大都开始转变观念，以市场为导向，以服务为宗旨，在公布信息、提供咨询、就业指导等方面做了大量的工作，也取得了显著成效。因此，毕业生要主动依靠、充分利用学校就业信息网站、就业微信平台和就业 App 等各类资源，主动参加学校组织的各类现场招聘会。

(2) 校内外三大人才市场(双选会)。目前大学生就业面向三大人才市场：教育系统毕业生就业市场、人才劳动部门人才市场和各地市劳动力市场。教育系统就业市场主要是教育厅和高校每年组织的大型双选会或校园专场招聘，如广东省教育厅每年组织大型见面会 50 多场，各个高校根据需求开展 1～3 场主要面向校内的见面会。同时，人力资源和社会保障厅、各地方都有专门的人才市场。这些人才市场、交流会、双选会和招聘会不仅为用人单位和毕业生面对面接触提供了机会，而且为毕业生提供了大量的就业信息。毕业生要高度重视，充分利用这些机会，走访用人单位的摊位，寻找交流的机会，尽可能多地了解相关职业和行业情况，收集大量的用人信息。

(3) 各种社会关系。所谓通过社会关系，就是通过亲戚、朋友、师长及其他熟人等获取求职信息，通俗地讲，就是我们日常所说的"门路"。这里不能将社会关系简单归为"走后门"，并一味加以排斥，这里所说的关系实际上指的是一种途径和渠道。就个人和家庭的各种社会关系来看，他们可以利用自身的各种优势和人际资源尽力去帮助毕业生就业或提供就业信息；从师长这个渠道来看，他们对相关行业和专业领域的发展情况，毕业生适合的就业区域、单位、岗位等信息的把握都比较准确、具体。这些资源对毕业生获取求职信息具有不可低估的作用。事实上，每年都有相当一部分毕业生是通过这种方式就业的。

(4) 大众传媒。大学生可以通过报刊、电视、网络等渠道，了解就业市场动态，获取求职信息。尤其在信息网络化时代，利用互联网寻找求职信息给我们提供了极大的便利。互联网上信息量大、查询快捷，毕业生要养成经常上网查询的习惯，这样可以获得大量的求职信息。同时，通过各类人才网站、企业网站、政府就业网站等，除了可以获得就业岗位信息，还可以获得大量的就业政策、行业发展、市场分析信息，以及招聘会、宣讲会等的时间安排。各高校均有相应的就业指导网站，这类信息时效性强、更新快，更加符合在校毕业生的特点，非常值得毕业生关注。但是，大众传媒具有受众面广、传播速度快、形式多样、信息量大等特点，不同于学校发布的官方信息，也不同于熟人提供的信息，其可靠性需考查、检验，防止因轻信虚假广告而上当受骗。

3. 信息收集方法

网络招聘信息满天飞，从中收集有用的求职信息并不是件容易的事。就业信息的采集方法有很多种，以下列举几种常用的方法。

(1) 调查问卷：可以设计一份针对就业信息的问卷，通过面对面、电话或在线方式向求职者或雇主进行调查，收集他们的就业情况、需求和意见等信息。

(2) 网络搜索：利用搜索引擎、招聘网站、社交媒体等网络平台，搜索和收集就业信息。可以通过关键词搜索，如职位名称、公司名称、地区等，获得相应的就业信息。

(3) 口述采访：对求职者、雇主进行面对面或电话采访，直接询问他们的就业情况，了解他们的求职经历、工作经历、工资待遇等信息。

(4) 数据统计：通过各级政府部门、企事业单位、教育机构等部门提供的数据，统计和分析就业的数量、行业、岗位、地区分布等信息。

(5) 人力资源调查：通过职业指南、招聘会、就业市场等渠道，向人力资源从业者、招聘专家等进行调查，了解他们对就业市场的观察和分析，获得相关的就业信息。

案例引入

用人单位如何看待毕业生求职意向

某大学校园招聘会后，一家待遇非常不错的用人单位收到了150多份简历，人力资源主管在筛选简历过程中，几份制作精美的简历被她毫不犹豫地扔进了废纸堆里。原来，这几位求职者是来应聘销售岗位的，他们的简历看上去很厚，但翻看之后发现都是一些科研项目经历和发表过的论文，写得非常详细，时间、任务、结果等要素一应俱全，但通篇没有有关实习活动、社团活动、社会实践的描述。"这人要么不懂销售是做什么的，要么就是过来碰运气的，完全没有根据岗位做相应的调整。"这名人力资源主管说。对于准备不足或者求职意愿不强烈的人，她基本不会通过。

解析：

求职目标不明确、没有突出与求职目标相关的自身优势，是求职者简历中比较突出的问题。其实，如果你面试的是销售类或综合管理类岗位，那就把你平时参加过的各种社会实践活动以及所获得的荣誉写在简历前面，用最显眼的字体吸引面试官的眼球。如果是专业性很强的岗位，则要适当突出所学课程。有些学生在这方面做得很好，甚至会把用人单位的标志打印在自己的简历上，并且在"求职意向"一栏中直接写上"××公司××岗位"，针对性很强。

二、求职信及求职简历

(一) 求职信

求职信，简单而言就是一种附带个人介绍的信件，通过对自身能力的表述，引起对方的重视和兴趣。通常来讲，求职信的内容应当简明扼要、条理清晰，篇幅最好不超过一页。一份好的求职信能体现求职者清晰的思路和良好的表达能力，换言之，它体现了你的沟通能力和性格特征。

1. 求职信的内容

求职信是简历的开场白，它的功能是引起简历筛选人的兴趣。为了使用人单位了解你申请的是哪个职位，并对你有更多的印象，建议求职者在发简历的时候同时发送一封求职信，这一点往往容易被忽略。虽然求职信没有完全固定的格式，但按照书信的行文方式，还是有一些必要的结构的。

1) 标题

标题要醒目、简洁，通常写在正文正上方中间，可直接写"求职信"或"自荐信"。

2) 称呼

在求职信的开头要注意收信人的称呼，对不同的用人单位要注意用不同的称呼，例如可以通用"尊敬的××先生/××女士/××经理"等，然后在称呼后面加一个冒号，这虽然是一个细节，但不要忽略。如果在投递求职信之前已经明确对方的接收人是谁，就可以明确写"尊敬的李先生/尊敬的王女士"等。事实上，每个人事主管都喜欢看到自己的名字出现在求职信的开头，这样可以使他们感觉你是为了这个职位专门写了这样一封求职信，在诚意上你已经比那些统一称呼的求职者略胜一筹了。

3) 开头

在开头部分可以说明求职信息的来源和应聘的工作岗位，例如："您好！我从我校的就业指导网上看到了贵公司的招聘信息，对市场助理一职十分感兴趣，拟应聘此职位。"切忌在开头啰唆，写一些离题万里的话，让对方感到莫名其妙或是产生反感情绪。

4) 主体

主体是求职信的中心部分，可以先讲自己求职的理由、目标，说明你的意愿，理由要合乎情理，目标要明确。然后简明扼要地介绍自己，重点是介绍自己与所申请的职位相关的学历水平、经历、成绩等，让用人单位从一开始就对你产生兴趣。还可以表达自己对用人单位的认识，例如对企业文化或价值观的认同，这会引起用人单位的好感，但最多只能用一两句话，点到即可。最后还可以通过之前的实践工作体现自己的潜力，体现自身的发展培养空间。

5) 结尾

求职信的结尾通常是进一步强调求职的意愿，表达求职的诚心，力求获得一次竞试的机会。同时也要用简短的语言表达对用人单位的谢意或祝愿，例如"静候您的回信""在此致以最诚挚的祝愿"等。

6) 落款

最后在落款时，按照书信格式写上"此致""敬礼"，并署上姓名和日期。

2. 写作技巧和注意事项

1) 实事求是，态度诚恳

求职信中，既要有对自身情况的客观叙述，也要表达对所申请职位的渴望之情。客观陈述的部分内容要真实，表达情感的部分要适度，不要让看信人感到虚假。同样，适度的谦虚会让人产生好感，但过分的谦虚则容易给人留下缺乏自信的印象。

2) 富有个性，针对性强

因为用人单位的要求不尽相同，所以在应聘不同的单位时要准备相应的求职信，信中的内容也应该针对应聘单位有所调整。在了解应聘单位的基础上，如果能谈一些与行业相关的内容，则会加深看信人的印象。由于文化上的差异，一般对外资企业需要充分地展示自己的能力，充满自信；而对国企、国家机关以及事业单位则应适当内敛，着重介绍自己的知识和能力，语气要适度含蓄。

3) 格式规范，言简意赅

求职信的写作不能太追求与众不同，格式要规范，不要出现错别字，语句流畅通顺，文字通俗易懂，切忌用华丽的辞藻进行堆砌，少讲大话、空话和套话。求职信一般都是用电脑打印，不过，如果你的字写得特别好，不妨亲手书写，这会为你的求职信加分不少。求职信一定要言简意赅，篇幅不宜过长，以800字以内为佳。

4) 不谈薪酬

如果没有被要求，不宜在求职信中谈论薪酬待遇。如果招聘者要求提供期望薪酬，那么就适度地说明，例如不低于×××等。总而言之，求职信是求职者以书面形式第一次与用人单位接触，是用人单位进行取舍的首要依据。因此，写好求职信是求职者顺利求职的第一关。

范例

求　职　信

尊敬的××先生/小姐：

您好！

我叫[您的姓名]，是[毕业院校][所学专业]的应届毕业生/往届毕业生(若为往届，可说明毕业时间)。近期在[就业信息来源，如××招聘网站、贵公司官网、校园招聘会、朋友推荐等]了解到贵公司正在招聘相关岗位，结合自身的专业背景和职业规划，我对[应聘岗位名称]一职抱有浓厚的兴趣，特此致函，希望能有机会加入贵团队。

在校期间，我系统学习了[列举核心专业课程，如市场营销学、会计学、计算机编程等]，打下了扎实的专业基础。通过[具体学习成果，如获得奖学金、参与课程设计并取得优异成绩等]，不仅提升了自己的专业知识运用能力，还培养了严谨的思维和解决问题的能力。

除了课堂学习，我还积极参与实践活动。我曾在[实习单位名称]担任[实习岗位名称]。在实习期间，我[具体实习工作内容及成果，如负责协助完成××项目，提高了工作效率××%；参与市场调研，整理分析数据并形成报告，为团队决策提供了参考等]。这段经历让我对[行业或岗位相关工作]有了更直观的认识，也锻炼了我的沟通协调能力和团队协作精神。

我具备[列举 1～2 项突出技能，如熟练使用 Office 办公软件、掌握××编程语言、具备良好的英语口语能力等]，并且拥有较强的学习能力和适应能力，能够快速融入新的工作环境，胜任岗位要求。

我对贵公司在[行业领域]取得的成就深感钦佩，也认同贵公司的[企业文化或发展理念]。我坚信，我的专业知识和实践经验能够为贵公司的发展贡献一份力量。

随信附上我的个人简历，供您详细查阅。恳请您能给予我一个面试的机会，我非常期待能与您进一步沟通交流，展示我的能力和对这份工作的热情。

感谢您在百忙之中审阅我的求职信，期待您的回复。

此致

敬礼！

求职人：[您的姓名][联系电话][电子邮箱]

[日期]

(二) 打造完美简历

撰写简历是一项很严肃、很重要的工作，一份高质量的简历是成功就业的基础。撰写简历切不可轻率行事、随心所欲，应再三斟酌、反复推敲，在应聘前做好充分的准备，简历内容应扬长避短，详略得当。

1. 简历的基本类型

1) 普通型

普通型的简历通常是按照时间顺序将求职者的个人信息、教育背景、实习实践经历等信息逐一进行罗列的一种简历格式。主要的使用者多见于初涉职场的新人，或是对简历不够重视的求职者。普通型的简历适用范围广，因为多是陈列基本情况，所以不会受所申请职位的限制，投递到哪一家用人单位都不会有太大问题；缺点是针对性不强。对于应届毕业生来说，如果能精心准备一份清晰准确、重点突出的通用简历，其求职成功率会大大增加。

2) 针对型

针对型简历与普通型不同，通常要展示特长，在简历一开始就表明自己的求职目标，强调自己适合所求职位的种种技能和经验，紧紧围绕岗位，不做多余陈述。一般来讲，此种形式的简历适用于有丰富行业经验的求职者，对于经验较少甚至没有社会实践经验的毕业生来说不一定适用。此种简历的最大优势是重点突出、目标明确。

2. 简历的基本内容

1) 个人资料

简历中必须有姓名、性别、联系方式(固定电话、手机、电子邮箱、固定住址)，而出生年月、籍贯、政治面貌、婚姻状况、身体状况、兴趣爱好等则视个人以及应聘的岗位情况而定。

2) 学业有关内容

简历中应有毕业学校、学院、学位、所学专业、班级，城市和国家，毕业时间，学过的专业课程(可将详细成绩单附后)以及一些对工作有利的辅修课程，毕业设计等。

3) 个人经历

简历中应包括大学以来的简单经历，主要是学习经历和社会工作经历。有些用人单位比较看重课余活动，如实习、社会实践、志愿工作、学生会、团委工作、社团等。切记不要列入与自己所找的工作毫不相干的经历。

4) 荣誉和成就

简历中应包括"优秀学生""优秀学生干部""优秀团员"及奖学金等荣誉。还可以把你认为较有成就的经历写上去。

5) 求职意愿

简历中应表明你想做什么，能为用人单位做些什么。内容应简明扼要。

6) 个人技能

简历中应写明专业技能、IT 技能和外语技能。也可以罗列出你的技能证书。

3. 简历制作策略和要点

简历的样式千差万别，内容也不尽相同，大多数毕业生都希望把能想到的东西全部写进简历中，但没有人愿意阅读一份长达十几页的材料，特别是时间宝贵的人事主管。一份完美的简历，无论从形式、内容，还是用词上，都应恰当地把求职者的个人情况、能力、经验、性格和特长等充分表现出来，见其文如见其人。要实现这个目标，必须遵循简历写作的四大原则。

1) 围绕一个求职目标

毕业生千万不要忘记，用人单位寻找的是适合某一特定职位的人，这个人将是数百名应聘者中最合适的一个。用人单位想要知道你可以为他们做什么，如果简历的陈述没有工作和职位重点，或是把自己描述成一个适合于所有职位的求职者，你很可能无法在求职竞争中胜出。所以，要为你的简历定位，围绕一个求职目标来写。任何含糊的、笼统的、毫无针对性的简历都会使你失去很多机会。

2) 语言简明，重点突出

大学生在制作简历时，文字一定要简略得当、通俗易懂；尽量用短句，避免用长句，尤其是避免使用抽象、空洞、情感色彩过重的修饰词，而应该选用具体、明确的动词性短语、名词性短语。在编写简历时，还应该注意突出重点，尽量只写与应聘职位相关的实践经历、技能等。如果不分主次地把自己的经历和技能全部写出来，用人单位可能在有限的时间里还没发现你的优势，就把你的简历丢到一边了。只有重点突出的简历才能抓住用人单位的眼球，引起他们的兴趣。

3) 精心编排，反复修改

一份简历虽然只是简短的文字说明，但也需要精心设计与巧妙安排。在简历制作好后，自己要反复阅读，或者请同学检查一下，是否有错字错句，排版是否适合阅读，字体是否太小或太大，重点内容是否突出。总之，大学生用于求职的简历一定是一份完美的作品，因为简历代表了大学生对自身能力的表达。在反复修改确定无误后，打印足够的份数装订好备用。

4) 杜绝作假，实话实说

简历是用人单位筛选求职者的工具，为了在众多简历中脱颖而出，不少人会夸大自己的成绩，编造虚假的经历。这样的做法或许能帮你通过简历这一关，但是，到了真正与用人单位面对面时，经验丰富的面试官可以从多个细节找出你弄虚作假的痕迹，到那时，无地自容的将是作假者自己。

4. 简历评估工作表

毕业生在撰写简历过程中，可以参考简历评估工作表，对各个项目进行"优、中、差"的自我评价，逐步完善个人简历。下面给出简历评估工作表的具体内容，并给出用人单位的考量，供参考。

1) 求职者个人基本信息

求职者个人基本信息主要包括求职者的姓名、个人照片、性别、年龄、身高、婚姻状况、现所在地点等。

(1) 求职者姓名：求职者的姓名通常以真实姓名或姓氏显示。如果以网络名或特殊符号显示，则需要对其心智成熟度或找工作的态度持保留态度。一般来说，用人单位对此项内容仅作简单了解，不直接淘汰求职者。

(2) 求职者的个人照片：并不是所有求职者都会把个人照片呈现在简历中。有真实照片，代表其愿意把真实的一面呈现给用人单位；没有照片，可能是暂时无法提供照片或者是希望保留一定隐私。对于公关、礼仪等对形象有要求的职位，简历上的照片可供 HR 作简单参考。

一般来说，不同的照片可以在一定程度上反映求职者找工作的心理及其性格。

以证件照显示：证件照是简历中最常见的照片，使用此种照片的求职者大多性格中规中矩，思想较为正统。

以生活照显示：此类求职者大多性格较为活跃。

以艺术写真照显示：表示求职者对于自身外在形象比较自信，同时也比较在乎他人对自己外在形象的看法。

(3) 求职者的性别、年龄、身高及婚姻状况。

① 对性别和身高可作简单了解，不作重点考察项目。但如果所招聘职位有比较严格的要求，也可作为筛选简历的标准。

例如：前台文员一般要求女性，对外形、身高也有一定要求，对于身高不满足要求的女性便不作考虑。

② 年龄在很大程度上体现了求职者的思想成熟度、阅历以及精力，同时也可作为辨别其学历、工作经验的一个重要参考项目。很多时候，HR 会把求职者的年龄与其学历、工作经验进行比较，再根据常理判断。

例如：正常情况下，本科毕业应在 22～24 岁之间，如果求职者 18 岁就已经本科毕业并且工作一年，则有必要怀疑其学历或工作经验的真实性；相反，如果求职者 28 岁还没有大学毕业，则需要关注其学历是全日制大学还是成人教育。如果求职者年龄较大，经验比较丰富，就需要在更换工作的原因上进行分析，重点关注其工作稳定性。

③ 婚姻状况可作为判断求职者工作稳定性和投入度的参考因素。

例如：已婚人士在工作地点上可能会有要求，如果所招聘职位的工作地点与现所在地点距离比较远，则要重点关注其工作稳定性。另外，对于一些要求工作时间投入很高的职位，已婚人士是否会因为需要照顾家庭而影响其对工作的投入度，这也是值得后续深入了解的问题。

(4) 求职者的现所在地点：现所在地可能会关系到求职者期望选择的工作地区，因此 HR 需要确认求职者现在所在地点与所招聘职位的工作地区是否相同。

例如：求职者现在 A 市，而所招聘职位工作地点在 B 市，那么 HR 就需要了解求职者是否愿意跨城市应聘，其中的动机是什么，特别是针对一些年龄较大的求职者，因为随着跨城市工作导致的生活成本的增加及生活环境的变化等，都将影响其进入企业后的工作状态。

2) 教育背景及培训经历

教育背景即学历情况，"真的假文凭"和"假的真文凭"是学历上的大问题，我们可根据常理进行分析。

(1) 毕业时间：对于毕业时间的分析，一方面需要结合年龄、初始工作时间等，经过对比，判断是否符合常理，看该求职者是否正常毕业，属于全日制大学毕业、脱产学习、在职自考还是其他情况；另一方面，可以根据毕业时间确认求职者是否已经毕业，能否提供毕业证或者学生证明、就业推荐表。

(2) 学制时间：简历中教育经历的学制情况也可作为判断学历情况的依据。

例如：正常情况下，硕士是三年制，本科是四年制，大专是三年制，本硕连读是七年制，专升本是五年制。如发现有异常情况，如两三年的本科学历，一年的大专学历，专升本只用了四年等，都需要记录下来，后续着重了解清楚。另外，需注意简历上的学习时间和工作时间是否有重叠，重叠的部分表明求职者有可能在这段时间内边工作边学习。

(3) 所学专业：所学专业可能会关系到求职者选择工作的趋向，可对求职者希望的职位和其在工作经历中所担任的职位进行对比，看其是否有较大的转折和出入，从而判断其与所招聘职位的匹配度。如果求职者修双学位，则招聘人员需了解其哪个是主要的专业，为什么会选择再修一个专业，因为另一个专业在一定程度上反映了其学习能力及职业发展趋向。另外，如果招聘的职位要求专业性较强，那么对于专业距离较大的简历可选择剔除。

(4) 培训经历：包括在校培训及工作培训，求职者呈现培训经历的目的是增加应聘的筹码。专业培训是求职者认证学习结果及更新补充知识的重要途径。招聘人员需要关注的是求职者的专业(工作专业)与培训的内容是否对口，如果专业不对口，是不是代表求职者曾经有往这方面发展的想法。培训经历并不能替代工作经验，其培训效果也较为有限，因为没有工作或者专业基础，仅仅若干课时的培训是很难与实际工作经验相比较的。另外，如果求职者的培训内容罗列较杂，则表明其对于自身的职业规划不是很清晰。

3) 工作意向

(1) 期望工作地区：需要结合求职者年龄、婚姻状态及现所在地点等因素来评估其期望工作地区是否合理，与所招聘职位的工作地区是否差别很大。

例如：假设招聘的职位工作地点在东莞，求职者之前一直在其他地区工作，现在选择到东莞求职，是什么原因？是因为觉得原来的地方发展慢，东莞经济更有发展前景；还是因为这个城市有朋友、有亲戚，所以希望在这边落脚？如果求职者期望去深圳发展，是否也愿意考虑来东莞呢？可能性有多大？这些因素都会影响到求职者的从业意向，必须在后续的沟通中得到进一步的确认。

(2) 期望职位(应聘职位)：是求职者工作意向的最直接反映。需要关注求职者选择的职位数量及职位之间的关联性。

例如：只选择一个职位或者是同一个类别的相关职位，表明求职者的求职意向比较明确，如果恰好是所招聘的职位或相似职位，则意向匹配度比较高，后续工作可作进一步确认；如果同时选择三个或三个以上完全不同类别的职位，则表明该求职者的职业方向不是很明确，即使选择了与所招聘职位相关的方向，也需要重点关注其工作稳定性及从业意向坚定性等问题。另外，如果主动投递的简历将应聘职位写错，或者将发到其他公司的信也一同发出，则说明该求职者可能属于"病急乱投医"，对职业规划甚少，其求职意向存在较大疑问，如简历中所体现的能力与所招聘职位相去甚远，可不予考虑。

(3) 到岗时间：可以通过求职者的到岗时间来估测求职者最快参加工作的时间，进而确定其是否可以尽早参加面试或到岗，能否满足企业对职位需求的最迟时间。到岗时间需要结合工作状态才能得到更准确的评估。例如，求职者简历上显示能够"随时到岗"，但最近的工作经历却显示在职状态，则需要在后续进一步确认其到岗时间。

(4) 期望薪资待遇：薪资待遇反映了求职者找工作的物质需求。正常情况下，每个人都想通过工作来赚取更多的物质回报，这也是很多求职者不断跳槽的常见理由。但是，也有一些求职者很乐意接受一份薪水低于他目前薪资水平的工作，理由可能是希望从一个专业领域转移到另一个专业领域，希望加入一家知名企业从底层做起，甚至是因为长期失业急于找到一份工作而降低薪资要求等。所以，对于求职者的薪资要求，需要结合其学历、年龄、工作经历等情况客观评价是否合理。同时，还需要初步确认其岗薪匹配度。

4）工作经历

工作经历(或应届毕业生的社会实践)是用人单位评价求职者基本能力的出发点，也是整份简历需要重点关注的内容。用人单位可从以下几个方面进行分析。

(1) 工作时间：包括总工作时间长短、每份工作的具体时间长短及换工作频次、两份工作间隔时间等。

总工作时间长短反映求职者工作经验的丰富程度，也是很多企业对求职者任职资格的基本要求，但还需结合其具体工作内容、时间频次来做出判断，通常只作为求职者工作经验的参考。

每份工作的具体时间长短及换工作频次(跳槽频率)很大程度上反映了求职者的工作稳定性。如果同等时间内换工作频次太多，即跳槽频繁，则反映出其工作稳定性不高，同时每项工作的具体时间也不会太长。通常情况下，工作从接手到完全熟悉并取得一定工作成效，需要 6~12 个月。如果工作时间短于 6个月，则这份工作经历及经验无法作为工作经验的主要考虑因素。同时，频繁跳槽的原因也需要重点了解。

例如：求职者离开一个工作单位有很多原因，包括录用时对职位的描述不够准确，薪水的增加幅度不够大，晋升成长机会有限，用人单位没有履行诺言等。另外，还有一些是求职者自己表现不好被淘汰；或者是被迫离职，比如公司效益不好，倒闭了，大规模裁员，组织变革取消了某些职位；应急任务/某个项目完成后没有其他工作可以做，等等。相反地，如果求职者在一家公司待的时间过长，而且一直做同一个职位，也需要了解为什么可以做那么长时间，其间自己获得的成长有多少。

另外，用人单位还需确认前后两份工作间是否有较长的时间空白或者时间重叠。如果有时间空白，并且时间间隔超过 2 个月，则需要确定求职者在这段空白时间主要在做什么，为什么那么长时间都没有找到工作，是自身能力问题，还是有什么特别原因；相反，如果自工作以来，所供职的单位之间完全没有时间间隔，则有必要怀疑其工作经历的真实性，为什么每次都能马上找到工作，是"骑驴找马"，抑或虚构了工作时间或经验。

如果两份工作时间存在重叠，表明可能有一份工作是兼职工作。这种情况下，招聘人员需要了解其兼职的目的，是原来的工作时间空闲太多，还是出于经济收入的补贴，是否会影响正常工作状态，与离职是否有关。

值得注意的是，很多应聘者也知道企业非常关注职业的连续性，因此有些求职者可能有一段时间没有工作，但在简历中会把时间归到某段工作中，这可以利用背景调查进行辨别。

(2) 工作内容：是求职者展示其过往工作能力及经验的重要部分，在很大程度上能够反映求职者找工作的态度、工作能力及经验等。招聘人员可从以下几方面考虑。

首先，我们需要关注其工作描述是简略还是翔实。如果工作内容写得很简略，或者含糊不清，则有必要在沟通中了解原因及其具体担任的工作内容。这也从侧面反映出其态度不是很积极认真。相反，如果所有工作经历都写得很翔实，则需要通过沟通进一步确认其简历中描述的内容是真实的还是仿照其他人的工作描述写出来的。

在考察工作内容真实性的同时，招聘人员可关注求职者不同工作经历之间的相关性。如果招聘人员发现求职者在过往工作中工种差异较大而且没有深入系统地从事过某一项工作，则有必要怀疑其职业规划的方向，在重点了解清楚原因后可将这一情况作为判断其工作稳定性的依据。

其次，职位名称也可以在一定程度上反映工作内容，但如果职位名称所指的功能不清楚，描述不准确，不能显示真正的职责范围，则需要结合工作内容及该职位在工作中所发挥的作用进行考核。此外，如果工作经验中不写职位只写部门，则表明该求职者有可能对所担任职位不自信；如果职位名称不具体，如只写出"管理""文职"或列出虚职，也需要详细了解清楚。例如，"行政助理""副总裁"这类名称所指很广泛，但深究下去，就会发现这些职位的职责有限。又如，应聘者原来担任的只是一个大公司的普通人事主管，那么，公司的人力资源发展规划、薪酬设计等重要决策性工作，是不可能由他独立完成的。所以，如果对方在这一点上夸大业绩，就会露出破绽。

然后看求职者第一份工作与其所学专业是否相关，工作的时间有多长并结合工作时间看其工作在专业上的深度和广度。如果短期内工作内容涉及较深，则要考虑简历可能存在水分，在沟通时应作为重点来询问。

最后，结合求职者整个工作经历判断其经历与所招聘职位要求是否匹配。如果求职者已经达到一个相对较高的职位要求，却主动来应聘一个较低的职位，就需要考虑这份简历中的工作经历是否真实。如果判定求职者简历属于伪造，则可直接剔除；如果是真实的，则要搞清楚求职者的动机。

5）自我评价

自我评价包括技能专长、优势等内容。由于该项目属于主观描述，求职者在写这部分内容时容易流露出部分潜意识，因此这部分内容也可以反映出求职者的能力、个性特征等。

例如：技术性职位的候选人在自我评价中没有强调自己在某方面的精湛技术，则可能对自己的技术水平不是很自信。如果发现求职者的自我评价属于网络摘抄或抄袭，则表示其对自我认知不足，或对自己不自信，找工作的态度不够积极等。

关于这部分，招聘人员主要查看求职者的自我评价是否适度，是否属实，是否有实例证明这些评价是真实的，他的朋友对其是否也有这样的评价，是否与其他求职者不一样，等等。

6）其他

简历上任何意义不清楚或让人不舒服的信息，以及前后不一致的信息，招聘人员都需要在后续了解清楚。

例如：求职者在简历上注明"每月按时发薪"，是否表示其以前遇到过没有按时发薪的情况；如果求职者每次换工作都没有注明离职原因，是否表示有特别的隐情不愿意公开；如果求职者的通篇简历都在谈不希望加班，是否代表其不能吃苦，工作投入度不高；等等。

简历评估工作表详见表 3-1。

表 3-1 简历评估工作表

序号	标　准	评价
1	个人信息：名字、地址、电话号码是否写在了首页的开头，下一页是否也有名字，地址是不是暂时的，有效期多长，电子邮箱是什么	优(　) 中(　) 差(　)
2	目标：生涯目标是否明确，是否强调了招聘启事要求的领域，是否体现了招聘者所希望具备的基本水平	优(　) 中(　) 差(　)
3	整体印象：简历看起来是否专业，你是否愿意阅读，思路顺畅吗，拼写、语法、标点是否正确	优(　) 中(　) 差(　)
4	排版：关键内容是否醒目，是否凌乱，是否使用了页边、空白、标题、加粗、下画线等	优(　) 中(　) 差(　)
5	组织：关键信息能否突出你的技能、能力与成就，是否强调了合理的类别，是否突出细节，是否避免了不必要的标题，格式是否一致	优(　) 中(　) 差(　)
6	行动导向：是否以积极的动词作为句子开头，是否避免了介绍性词语，是否以结果为导向	优(　) 中(　) 差(　)
7	语言表述：是否表述清晰、言简意赅，是否使用了完整的句子，是否使用了总结性的陈述，是否罗列了各项成就	优(　) 中(　) 差(　)
8	相关性：是否删除了外部材料，是否聚焦于与经历有关的具体信息，是否提供了事实，是否避免了过分概括	优(　) 中(　) 差(　)
9	争议性：简历是否提出了比它所能回答的更多的问题，是否避免涉及有争议的活动或价值观	优(　) 中(　) 差(　)

下面是针对求职简历中常见的问题，招聘人员进行的一些分析。

(1) 在几分钟之内连续发出两份以上相同的简历：谨慎有余，不自信的表现，若无特别，不作考虑。

(2) 在最近一段时期内连续发出一份相同的简历：看重这份工作及所应聘的公司，只要条件与所应聘岗位的要求一致，可重点考虑。

(3) 未写出公司的具体名称，如工作经历中只写"某大型公司"：表明正在上班中，应充分尊重其个人隐私。

(4) 将应聘职位写错，将发到其他公司的信发出：属于严重错误，"病急乱投医"，对职业规划甚少，应付了事，不可原谅，可删掉简历。

(5) 喜用表格：有条理，有些岗位特别需要这种人才。

(6) 简历中出现着重号和标注重要内容的星号等符号：也许隐藏了一些不该隐藏的东西，以最优秀的一面示人，将缺点隐藏得很深。

(7) 常用数字表达，如"挽回损失××万"：如果未提到团队的作用，推荐给用人部门时当慎之又慎。

(8) 不写职位，只写部门：不敢具体化，可能是小人物打肿脸充胖子。

(9) 职位不具体，只写"管理""业务"或列出虚职：闪烁其词，不敢具体化，注意各企业职务序列的不同，不实不具体当慎之，亦可不选。

(10) 能明确地写出资信证明人为其所供职公司的老板或上司：职业经理的表现，敢于正视自身走过的历程，可暂看重。

(11) 不提待遇：资历浅或顺从性好，有点不够自信。

(12) 待遇不低于多少：有挑战性，这种人一般情况下能岗薪匹配。

(13) 培训内容罗列较杂：典型的"万金油"，也许自身的职业规划并不明确。

(14) 工作以来，所供职的单位之间没有时间间隔：不是心怀二主，至少也是"骑驴找马"，正常状态，但辞职原因是可究的。

案例引入

小细节让我的面试一波三折

我接到了一家知名的高薪企业的面试通知。为了顺利通过面试，我在图书馆里泡了好几个晚上，啃《面试轻松过关》《面试宝典》之类的书，看得头昏脑胀。

面试的那一天终于来到了。我走进考场后才发觉，与我一同面试的其他五个人都是男生。考场是一个很小的会议室，中间是一张圆桌。考官坐在圆桌一边，我们几个人坐在另外一边。服务员拿来六杯水，其他几个男生直接拿起自己面前的水杯开始喝。我想到几个考官还没有水喝，于是礼貌地把杯子递给离我最近的一个考官。

"还是女孩子心细啊！"坐在中间的一位考官说。几个正在喝水的男生立刻窘住了，面面相觑。我暗暗自得，不忘对考官们露出谦逊的微笑。接下来，几位考官介绍了公司运营方面的具体情况，也聊了聊我们各自的专业和我们对公司的想法。由于刚才的"喝水事件"，另外几个男生都比较拘谨，反倒是我和考官们谈笑自如。面试过程中，坐在正中央的主考官问了我一个意想不到的问题："你的简历上写着会跳舞，你会跳哪种舞呢？"我立刻慌了，因为简历上的兴趣爱好是随便写的，我只好说会跳新疆舞，说完之后脸有些发热。谁知考官要求我随便摆个姿势看看。我窘极了，从头到脚都无所适从，只好站起来原地转了个圈。

面试结束，考官们走出会议室讨论了一会儿，把我叫了出去。"根据你的性格特点，我们想把你安排在外事部门，不过户口方面可能还需要再争取。"听到这句话，我愣住了，要是户口解决不了，我也许根本就不会来应聘……我左思右想，轻轻咬着下唇说："要不，我跟爸爸妈妈商量一下。"主考官愣了一下，随后他微笑着说："好吧，不过要记得，以后参加面试的时候不要说'和爸爸妈妈商量'之类的话，因为这样会显得你没有主见，明白吗？"

解析：

递水行为虽显礼貌，但未考虑场景：圆桌面试中，服务员按面试者人数备水，考官自有安排，贸然递水可能打破现场节奏，反显刻意。

简历造假埋隐患：虚构"会跳舞"，被追问时无法应对，暴露出诚信问题，让考官质疑简历的真实性。

回答暴露独立性不足："和爸妈商量"这样的表述，易让企业觉得应聘者缺乏自主决策能力，不符合职场对成熟度的期待。

 ## 实践活动

【活动一】 求职简历制作

一、活动目的

求职简历是用人单位了解求职者的最直接、最基本的途径，是求职者向用人单位推荐自己的广告和宣言。通过对同一个人两份不同简历的对比，掌握求职简历制作的重点和关键，撰写出实用、高效的求职简历。

二、活动过程

(一) 求职简历内容介绍

求职简历的内容包括简历标题、个人信息、求职照片、求职意向、教育经历、个人经历、荣誉奖励、技能证书、特长爱好以及个人评价等。

(二) 求职简历对比

将简历1(表3-2)和简历2(表3-3)进行对比。

(三) 分组讨论

针对上述两份简历，每个小组进行分析讨论。哪份简历更好？为什么？各小组派代表发言。

(四) 我的求职简历

制作自己的求职简历。

表 3-2 个人简历 1

个 人 简 历

王小伟

地址：　　　　　手机：　　　　　电话：

邮箱：989898@qq.com　　出生日期：2002/6/8　　　　　籍贯：

婚姻状况：未婚；健康状况：良好；性别：男；民族：汉；政治面貌：群众

联系地址：江西省南昌市解放路 52 号 156 室　　　邮编：330000

照片

目标职位

医药代表

教育背景

| ×××××××××学院 | 本科(中医学院) | 2021.09—2025.06 |

外语电脑技能

英语 CET4(569)、CET6(455)，能快速阅读英语类文章并能熟练进行日常交流

熟练掌握 Office 办公软件、Photoshop、Dreamweaver

实习经历与社会实践

南昌宏达企业管理咨询有限公司　　　　　　实习生　　　　　　2022

- 处理文档、整理文件以及其他相关事务
- 绘图并处理技术类突发事件

学生会宣传部　　　　　　　　　　　　　　组长　　　　　2021.09—2022.09

- 定期组织内部会议，管理学生会干事
- 负责策划学生会活动、干事的评选
- 每年一次招新

收获：掌握了与人打交道的技巧与方法，学习了组织管理方面的知识

实践小组　　　　　　　　　　　　　　　　组长　　　　　2022.09—2023.09

- 过期药品换新活动，对象为学校周边居民

校园活动

"联通杯"

- 由学校组织观看××市"联通杯"体操大赛　　　　　2021.10

篮球赛

- 校篮球赛　　　　　　　　　　　　前锋　　　　　2023.05

职业发展协会　　　　　　　　　　　　　　　　2021.09—2023.09

- 每周组织一次活动
- 参加招新工作，负责打印传单、印制海报和条幅

个人评价

※诚恳而忠实的品德、良好的自我管理意识

※娴熟而高效的团队协作与沟通能力、严谨而执着的行动执行力

※好的学习能力和习惯、优秀的问题分析和解决能力

个人爱好

钢琴七级，爱好音乐、摄影、计算机技术

表3-3　个人简历2

王小伟

手机：1387813××××　　　电话：0791-6666××××　　　电子邮箱：wangxiaowei@163.com

求职意向

医药销售

教育背景

2014—2019 年　　　　　　　　××××××××学院

销售和宣传相关经历

2014.09—2016.09　　　　　职业发展协会

- 走访了近 150 个寝室，招揽新会员 300 多名
- 与社区管理员充分沟通，为进入寝室拜访做好准备
- 总结协会为学员提供的利益，通过印制传单、海报、横幅、设摊答疑、宿舍楼走访等方式进行宣传
- 多次举办 30 人左右的宣讲座谈会，向到会者推介协会
- 广泛建立与新生的联系，通过新生的彼此介绍，加强协会的品牌推广

2014.09—2015.09　　　　　学生会宣传部　　　　组长

- 带领 6 人小组负责学生会所有活动的宣传工作
- 带领宣传小组设计网络宣传方案，通过校内网络进行宣传，拓展了食堂形象推广新渠道
- 调查同学的需求，基于学校师生的实际需要，制作使用方便的软件光盘并在校园内推广，受到师生欢迎

医药相关经历

2015.09—2016.09　　"过期药物换新药"社区活动　　　发起人

- 带领志愿者团队到校医院学习医药知识，并制作医药知识宣传海报
- 在学校附近社区设摊一周，向居民宣传过期药物的隐患及处理办法
- 回收 30 多种过期药物，全部交由校医院和专业老师妥善处理

2014.09 至今　　　　　　　××学院

- 系统学习药物的合成、药物的分类、药物的作用机制、药物的代谢动力学、药物的毒副反应、药物的化学结构等专业药学知识
- 两次获得校级综合课程二等奖学金

语言及计算机能力

大学英语六级(CET6)	通过
计算机等级考试 3 级(数据库)	通过
计算机：Office 办公软件、Photoshop、Dreamweaver	熟练使用

个人爱好

钢琴七级，爱好音乐、摄影、计算机技术

【活动二】 模拟面试

一、活动目的

通过模拟面试实训活动，让学生真切感受求职面试的真实情境；通过相关职位的模拟应聘，巩固学生的专业知识，让其在活动中了解并进一步剖析自身的求职竞争能力，改变求职观念，培养求职能力，提高自身综合素质，应对日益激烈的就业竞争。

二、活动要求

(一) 面试中的着装要求

总体要求：面试着装以精干为主，简单大方，不能过于暴露。具体要求如表 3-4 所示。

表 3-4　面试中的着装要求

男　士	女　士
西装要笔挺	服装要得体
衬衫要平整	鞋子要便利
领带要选好	袜子不脱丝
皮鞋要擦亮	饰物要少而精
袜子要够长	发式要适宜
外套要便捷	化妆要淡而美
公文包要简单	注意手和指甲
小饰物要简单适宜	

(二) 面试中的基本礼仪

(1) 面试时一定要守时，最好提前 10 分钟到达面试地点，千万别迟到。

(2) 面试过程中，最好把手机关掉，或调为静音。

(3) 进门前先敲门，和主考人礼貌地打招呼；待主考人邀请时才礼貌地坐下，坐的时候上身要保持笔直，坐椅子的三分之二。

(4) 面试中要态度诚恳，不宜过分客套和谦卑。

(5) 面试中回答问题要实事求是，不要弄巧成拙。

(6) 面试过程中不要打断主考人的话。

(7) 面试结束离去时，应礼貌地向主考人道谢，说"再见"。

(三) 面试中的言语表达和沟通技巧

(1) 面试语言要简洁流畅。

(2) 淡化面试的成败意识。

(3) 保持自信、愉悦的精神状态。

(4) 面试中要树立对方意识。

(5) 冷静思考，理清思路。

(6) 辩证分析，多维答题。

(7) 平视考官，不卑不亢。

三、活动准备

(一) 参与面试的学生应做的准备

1. 着装准备

面试时着装要符合目标职业的特点和要求。

2. 面试材料准备

准备好求职简历和相关求职材料。在模拟面试前 3 天，把简历交给班委，以便面试时根据个体情况有所侧重。

3. 沟通准备

对面试过程中企业招聘人员所提的问题和自己对企业关注的问题进行准备。

(二) 班委组织模拟面试应做的准备

1. 场地布置

(1) 班委负责评委牌子的制作。

(2) 实训场地分区：评委区、面试区、面试准备区。

2. 人员准备

(1) 聘请 5 位评委，并把简历及面试的评分标准发给各位评委。

(2) 聘请主持人。

(3) 安排计分员 2 人、服务人员 2 人。

3. 材料准备

准备纸张(A4 纸或者稿纸均可)50 张、水笔或者圆珠笔 10 支，按照学生人数制作上场号签，并抽签决定面试顺序。

四、活动过程

(1) 各类人员按照评委区、面试区、面试准备区各自就座。

(2) 主持人宣布面试开始。

(3) 介绍与会嘉宾和评委。

(4) 介绍面试规则。

① 时间限制：2 分钟自我介绍，5 分钟回答问题。

② 自我介绍评分标准如下(满分 30 分)：

· 语言表达清楚，语速快慢适中(6 分)。

· 内容具有层次性、逻辑性(6 分)。

· 仪态端庄大方、礼貌且不拘谨(6 分)。

· 有自己的特色，令人印象深刻(6 分)。

· 掌握面对面表达的技巧，而不是简单地背诵准备好的自我介绍(6 分)。

③ 回答问题的评分标准如表 3-5 所示(满分 70 分)。

表 3-5 回答问题的评分标准

测评项目	测评指标及评定等次、得分幅度		
	甲等(50～70 分)	乙等(30～50 分)	丙等(30 分以下)
思想内容	观点正确，主题突出 理论充足，符合政策 结合实际，解决问题	观点正确，主题明晰 理论欠足，符合政策 结合实际，水平一般	观点模糊，主题不明 理论较差，违背政策 脱离实际，水平亦差
逻辑思维	术语准确，概念清楚 逻辑严谨，层次分明 概括全面，条理清晰	术语准确，概念清楚 有逻辑性，层次较明 概括一般，条理尚清	术语欠缺，概念欠清 逻辑较乱，层次不明 概括较差，条理不清

续表

测评项目	测评指标及评定等次、得分幅度		
	甲等(50~70分)	乙等(30~50分)	丙等(30分以下)
综合分析	抓住实质，分析透彻 素材突出，综合得力 整体性强，创新合理	接触实质，分析较好 素材一般，综合尚可 有整体性，建议合理	未见实质，分析一般 素材零散，综合不力 整体性差，无可用性
语言	语言流畅，表达清晰 有感染力，应变力强	语言流利，表达清楚 宣读一般，有应变力	语言欠畅，表达不清 宣读较差，应变亦差
仪表	仪表端庄，举止得体	仪表端庄，举止尚可	仪表一般，举止一般

(5) 评委点评。在面试结束后，主持人邀请评委代表对面试情况进行点评，并对在模拟面试中出现的共性问题进行总结，强调在真实应聘中要掌握的一些必要技巧。

(6) 主持人宣布面试分数(面试成绩作为本课程的期末成绩)。

五、总结与感悟

通过这次模拟面试的实训，你感到自己有哪些方面的不足？如何提高？

存在不足：_____

_____

_____

解决措施：_____

_____

_____

【实践总结】

结合以上实践活动，思考以下问题：

1. 大学生在求职时常见的心理问题有哪些？如何进行调适？

_____

_____

2. 根据面试的目的和现场组织形式不同，面试的类型有哪些？

_____

_____

3. 面试主要以谈话和观察为主要手段，不仅面试官可以通过观察和谈话来评估应聘者，应聘者也可以通过面试官的行为来判断其价值标准、态度偏好、对自己的满意度等，从而调节自己在面试中的行为表现。针对面试的这一特点，应聘者需要掌握哪些技巧？

_____

_____

_____

_____

课后自测

一、单项选择题

1. 下列不属于简历的基本内容的是(　　)。

A. 个人资料

B. 学业有关内容

C. 荣誉和成就

D. 考试成绩

2. 前往单位面试时，穿着要得体，颜色一般选(　　)。

A. 鲜艳的颜色，如红色

B. 深沉的颜色，如黑色

C. 五颜六色

D. 颜色并不重要

3. 下列说法不正确的是(　　)。

A. 撰写简历切不可轻率行事、随心所欲，应再三斟酌、反复推敲

B. 大学生在制作简历时，文字一定要简略得当、通俗易懂

C. 应该把自己的经历和技能全部写在简历中

D. 求职者要为简历定位，围绕一个求职目标来写

4. 下列说法正确的是(   )。

A. 求职者只关心自己就好，不需要了解求职单位的企业文化和发展前景

B. 为了提高就业概率，网页中弹出的求职广告可以直接信任

C. 求职信是根据自己的背景来编写的，所以格式完全没有要求，可以随意编写

D. 撰写简历是很严肃、很重要的工作，一份高质量的简历是成功就业的基础

5. 美国前总统福特曾说："如果我重返大学，我会专注两个方面：学习写作和学习当众演讲。生活中没有什么比有效沟通更重要的了。"这说明(   )。

A. 沟通是个人素质的重要体现，关系着一个人的知识、能力和品质

B. 大学生应该以学位为重，沟通可以进入企业后再学习

C. 沟通只能通过与人对话来学习

D. 相比沟通，实践对大学生的就业更有帮助

二、多项选择题

1. 从信息包含的内容上看，就业信息分为(   )。

A. 就业形势信息   B. 社会需求信息

C. 用人单位信息   D. 个人素质信息

2. 求职信应包括(   )。

A. 标题   B. 称呼   C. 开头

D. 主体   E. 旁白   F. 结尾

G. 落款

3. 求职信应遵循的写作技巧有(   )。

A. 实事求是，态度诚恳

B. 富有个性，针对性强

C. 格式规范，言简意赅

D. 花里胡哨，内容烦琐

4. 信息收集的途径有(   )。

A. 学校负责主管的就业服务网站、微信和 App 等各类平台

B. 校内外三大人才市场(双选会)

C. 各种社会关系

D. 大众传媒

5. 面试测试包括(   )。

A. 专业知识   B. 家庭背景

C. 表达能力   D. 工作经验

三、判断题

1. 就业信息是指择业者事先不知道的，经过加工处理，能被择业者接收并具有一定价值的有关就业的资料和情报。   (   )

2. 沟通是不重要的，只有想要沟通的时候才会有沟通。   (   )

3. 为从众多简历中脱颖而出，简历中可编写虚假的经历来提高成绩。

(   )

4. 面试时把目光集中在对方的眼睛上，既可以给对方诚恳、自信的印象，也可以使自己鼓起勇气，消除自己的紧张情绪。   (   )

5. 多参加社团活动或承担志愿活动可以培养自己的沟通能力。   (   )

拓展阅读

面试过程中，面试官会向应聘者发问，而应聘者的回答将成为面试官是否接受他的重要依据。对应聘者而言，了解这些问题背后的"猫腻"至关重要。本文对面试中经常出现的一些典型问题进行整理，并给出相应的回答思路和参考答案。读者无须过分关注分析的细节，关键是要从这些分析中悟出面试的规律及回答问题的思维方式，做到"活学活用"，具体内容见表3-6。

表 3-6   面试中的经典问题及回答要点和思路

经典问题	回答要点和思路
问题一："请你自我介绍一下。"	(1) 这是面试的必考题目。 (2) 介绍内容要与个人简历一致。 (3) 表述尽量口语化。 (4) 要切中要害，不谈无关、无用的内容。 (5) 条理要清晰，层次要分明。 (6) 事先最好以文字形式写好背熟。
问题二："谈谈你的家庭情况。"	(1) 家庭状况对于了解应聘者的性格、观念、心态等有一定的作用，这是招聘单位问该问题的主要原因。 (2) 不要简单地罗列家庭人口。 (3) 宜强调温馨和睦的家庭氛围。 (4) 宜强调父母对自己教育的重视。 (5) 宜强调各位家庭成员的良好状况。 (6) 宜强调家庭成员对自己工作的支持。 (7) 宜强调自己对家庭的责任感。
问题三："你有什么业余爱好？"	(1) 业余爱好能在一定程度上反映应聘者的性格、观念、心态，这是招聘单位问该问题的主要原因。 (2) 最好不要说自己没有业余爱好。 (3) 不要说自己有哪些庸俗的、令人感觉不好的爱好。 (4) 最好不要说自己的爱好仅限于读书、听音乐、上网，否则可能会令面试官怀疑应聘者性格孤僻。 (5) 最好能有一些户外的业余爱好来"点缀"你的形象。
问题四："你最崇拜谁?"	(1) 最崇拜的人能在一定程度上反映应聘者的性格、观念、心态，这是面试官问该问题的主要原因。 (2) 不宜说自己谁也不崇拜。 (3) 不宜说崇拜自己。 (4) 不宜说崇拜一个虚幻的或是不知名的人。 (5) 不宜说崇拜一个明显具有负面形象的人。 (6) 所崇拜的人最好与自己所应聘的工作有所关联。 (7) 最好说出自己所崇拜的人的哪些品质、哪些思想感染着自己、鼓舞着自己。

续表一

经典问题	回答要点和思路
问题五："你的座右铭是什么？"	(1) 座右铭能在一定程度上反映应聘者的性格、观念、心态，这是面试官问这个问题的主要原因。 (2) 不宜说那些易引起不好联想的座右铭。 (3) 不宜说太抽象的座右铭。 (4) 不宜说太长的座右铭。 (5) 座右铭最好能反映出自己某种优秀品质。 (6) 参考答案："只为成功找方法，不为失败找借口。"
问题六："谈谈你的缺点。"	(1) 不宜说自己没有缺点。 (2) 不宜把那些明显的优点说成缺点。 (3) 不宜说出严重影响所应聘工作的缺点。 (4) 不宜说出令人不放心、不舒服的缺点。 (5) 可以说一些对于所应聘工作无关紧要的缺点，甚至是一些表面上看是缺点、从工作的角度看却是优点的缺点。
问题七："谈谈你的一次失败经历。"	(1) 不宜说自己没有失败的经历。 (2) 不宜把那些明显的成功说成失败。 (3) 不宜说出严重影响所应聘工作的失败经历。 (4) 所谈经历的结果应是失败的。 (5) 宜说明失败之前自己曾信心百倍、尽心尽力。 (6) 宜说明仅仅是由于外在客观原因导致失败。 (7) 宜说明失败后自己很快振作起来，以更加饱满的热情面对以后的工作。
问题八："你为什么选择我们公司？"	(1) 面试官试图从中了解求职者求职的动机、愿望以及对此项工作的态度。 (2) 建议从行业、企业和岗位三个角度来回答。 (3) 参考答案："我十分看好贵公司所在的行业，我认为贵公司十分重视人才，而且这项工作很适合我，相信我一定能做好。"
问题九："对这项工作，你有哪些可预见的困难？"	(1) 不宜直接说出具体的困难，否则可能令招聘单位怀疑应聘者"不行"。 (2) 可以尝试采用迂回战术，说出应聘者对困难所持有的态度。 (3) 参考答案："工作中出现一些困难是正常的，也是难免的，只要有坚韧不拔的毅力、良好的合作精神以及事前周密而充分的准备，任何困难都是可以克服的。"

续表二

经典问题	回答要点和思路
问题十："如果录用你，你将怎样开展工作？"	(1) 如果应聘者对于应聘的职位缺乏足够的了解，最好不要直接说出自己开展工作的具体办法。 (2) 可以尝试采用迂回战术来回答，如："首先听取领导的指示和要求，然后就有关情况进行了解和熟悉，接下来制订一份近期的工作计划并报领导批准，最后根据计划开展工作。"
问题十一："与上级意见不一致时，你将怎么办？"	(1) 一般可以这样回答："我会给上级以必要的解释和提醒，在这种情况下，我会服从上级的意见。" (2) 如果面试你的是总经理，而你所应聘的职位另有一位经理，且这位经理当时不在场，可以这样回答："对于非原则性问题，我会服从上级的意见；对于涉及公司利益的重大问题，我希望能向更高层领导反映。"
问题十二："我们为什么要录用你？"	(1) 应聘者最好站在招聘单位的角度来回答。 (2) 招聘单位一般会录用这样的应聘者：基本符合条件、对这份工作感兴趣、有足够的信心。 (3) 参考答案："我完全符合贵公司的招聘条件，凭我目前掌握的技能、高度的责任感和良好的适应能力及学习能力，完全能胜任这份工作。我十分希望能为贵公司服务，如果贵公司给我这个机会，我一定能成长为贵公司的栋梁！"
问题十三："你能为我们做什么？"	(1) 基本原则是"投其所好"。 (2) 回答这个问题前应聘者最好能"先发制人"，了解招聘单位期待这个职位所能发挥的作用。 (3) 应聘者可以根据自己的了解，结合自己在专业领域的优势来回答这个问题。
问题十四："你是应届毕业生，缺乏经验，如何能胜任这项工作？"	(1) 如果招聘单位对应届毕业生的应聘者明确提出这个问题，说明招聘单位并不真正在乎经验，关键看应聘者怎样回答。 (2) 对这个问题的回答要体现出应聘者的诚恳、机智、果敢及敬业。 (3) 参考答案："作为应届毕业生，在工作经验方面的确会有所欠缺，因此在读书期间我一直利用各种机会在这个行业里做兼职。我也发现，实际工作远比书本知识丰富、复杂。但我有较强的责任心、适应能力和学习能力，而且比较勤奋，所以在兼职中均能圆满完成各项工作，从中获取的经验也令我受益匪浅。请贵公司放心，拥有学校所学及兼职的工作经验，我一定能胜任这个职位。"

续表三

经典问题	回答要点和思路
问题十五："你希望与什么样的上级共事？"	(1) 通过应聘者对上级的"希望"可以判断出应聘者对自我要求的意识，这既是一个陷阱，又是一次机会。 (2) 最好避免对上级提出具体的"希望"，多谈对自己的要求。 (3) 参考答案："作为刚步入社会的新人，我应该多要求自己尽快熟悉环境、适应环境，而不应该对环境提出什么要求，只要能发挥我的专长就可以了。"
问题十六："你从前一家公司离职的原因是什么？"	(1) 最重要的是，应聘者要使招聘单位相信，其在过往单位的离职原因在此家招聘单位里不存在。 (2) 避免把离职原因说得太详细、太具体。 (3) 不能掺杂主观的负面感受，如"太辛苦""人际关系太复杂""管理太混乱""公司不重视人才""公司排斥我们××的员工"等。 (4) 不能躲闪、回避，如"想换换环境""个人原因"等。 (5) 不能涉及自己负面的人格特征，如不诚实、懒惰、缺乏责任感、不随和等。 (6) 尽量使解释的理由为应聘者个人形象添彩。 (7) 参考答案 1："我离职是因为这家公司倒闭了。我在这家公司工作了三年多，有较深的感情。从去年开始，由于市场形势突变，公司的局面急转直下。到眼下这一步我觉得很遗憾，但还要面对现实，重新寻找能施展我能力的舞台。" (8) 参考答案 2："我离开的这家公司也生产摩托车，可是由于机制问题，产品创新滞后，人才流失严重，而贵公司生产的摩托车能根据市场不断推出新品种，深受广大消费者喜爱，所以我选择来贵公司发挥自己的专长。"

同一个面试问题并非只有一个答案，而同一个答案并不是在任何面试场合都有效，关键在于应聘者掌握规律后，对面试的具体情况进行把握，有意识地揣摩面试官提出问题的心理背景，然后投其所好。

项目四　完成就业准备

 课前预习

【项目目标】

本项目主要帮助学生树立正确的就业观，培养学生严谨细致的工作作风以及职场维权意识。

知识目标：了解大学生就业程序；了解大学生签订就业协议、劳动合同时的注意事项；了解签订就业协议与签订劳动合同的区别；了解"五防三要"，掌握社会保险相关知识。

技能目标：能独立签订就业协议和劳动合同；能辨别侵权行为；能做好就业准备。

【思维导图】

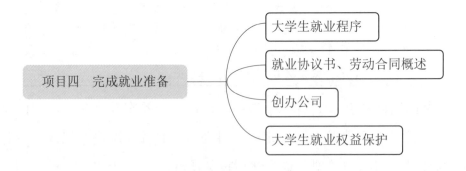

【课前思考】

1. 就业前应该做哪些准备？

2. 你知道哪些大学生就业侵权行为？

教师精讲

案例引入

小李很无助

小李是一名高校毕业生，通过校园招聘应聘到某公司行政岗位工作，岗位薪资每月5000元，双方未签订任何合同或协议。入职第一个月，公司安排小李干一些复印文件、订午饭等简单事务，没有发放工资。小李找人事专员，得到的答复是小李大学刚毕业，什么都不会，第一个月就是跟班学习、熟悉公司情况，没有正式用工，所以没有工资。第二个月，公司人力资源部让小李签订为期3个月的试用期合同，约定月工资1950元，其间不缴纳社会保险，等试用期满考核合格后再签订正式劳动合同。此后，公司对小李等同时招录的几个人进行为期15天的岗前培训，培训完签订3年服务期协议。小李认真参加培训，培训考试合格后继续在该公司工作直至试用期满签订劳动合同。公司在合同中约定期限3年，月工资3000元，小李提出异议，公司不承认之前承诺的5000元工资。小李觉得自己被欺骗了，拒绝与公司签订劳动合同，准备离职。没想到公司认为小李经出资培训后没有服务3年，让小李赔偿违反服务期协议约定的违约金和培训费3万元。小李很无助，不知怎么办。

解析：

第一，关于工资权益。小李受到两方面的工资权益损害。一是工资没有以书面形式约定，导致工作4个月后再约定工资时产生了异议，却没有证据维护自己的合法权益。二是试用期工资，劳动者在试用期的工资不得低于本单位相同岗位最低档工资或者劳动合同约定工资的80%，并不得低于用人单位所在地的最低工资标准。该公司给小李的试用期工资是当地最低工资标准，低于招聘时口头约定的5000元的80%即4000元，也低于合同约定3000元的

80%即 2400 元，明显违反了国家劳动保障法律相关规定。第二，关于劳动合同权益。小李同样受到了两方面的权益损害。一是什么时候签订劳动合同。二是如何看待试用期合同。小李入职第一个月已经从事该公司安排的工作，接受该公司的劳动管理，用工事实实际已经发生，劳动关系已经建立，该公司应当最迟在入职的一个月内与小李签订劳动合同。第三，关于试用期期限。该公司对小李实际进行了两次共 4 个月的试用期，行为违法。第四，关于缴纳社会保险。用人单位应为处于试用期的员工缴纳社会保险。第五，关于服务期协议及违约金。单位出资为劳动者提供专项培训时，可协商约定劳动者的服务期以及违约金，岗前培训不属于专项培训，小李无须赔偿违约金。第六，关于维权渠道。如果劳动者相关权益受到损害，可以向劳动行政部门投诉或者申请劳动仲裁，维护自己的合法权益。

一、大学生就业程序

（一）离校手续

在学校规定的时间内到有关部门领取离校通知单，在所列出的部门办理同意离校签字盖章手续。在办理离校手续过程中，重点事项有：缴清学费、住宿费、杂费等费用；归还在校期间借阅的书籍、借用的学习工具等物品，如有遗失或损坏，按学校规定自觉赔偿。所有离校手续办理完毕后，将离校通知单交回各院系，再办理有关证件，领取毕业证书和学位证书等。

（二）档案管理

对毕业生而言，人事档案的作用不可小觑。企事业单位招聘员工、国家公务员选拔等都要审查档案以做参考；办理社会保险、职称评定、出具各种相关证明等也都需要人事档案。档案的缺失会给日后的学习和生活造成不必要的麻烦。因此，学生毕业后，其档案能否准确、及时、安全地到达用人单位或生源地人力资源和社会保障局工作人员手中是非常重要的。档案不允许拿在个人手中，必须公对公进行邮寄。

1. 档案

毕业生在校期间的档案叫"学籍档案"，是只有全国高考、研考统招生才具有的文字档案，它记录了毕业生在校学习成绩、家庭状况、在校期间表现和奖惩情况等。学籍档案一般包括大学新生入学登记表、毕业生登记表、体检表、大学成绩单、党团组织材料、学士学位证明表等。根据学校及个人情况的不同，还可能有表现考核、军训考核、毕业论文成绩、奖惩情况、实习材料等。

2. 档案转递单

根据人力资源和社会保障部办公厅、教育部办公厅《关于积极稳妥做好高校毕业生档案转递接收工作的通知》(人社厅发〔2023〕20 号)文件第二条"规范档案转出手续"规定，高校为毕业生转递档案时必须出具《高等学校毕业生档案转递单》。档案转递单由学校负责部门盖章，一定要放到档案内，随档密封邮寄。

对于没有档案转递单及档案目录的，处理如下：

(1) 本省高校：收到高校毕业生档案，没有转递单及档案目录清单的，要第一时间联系高校补办，并邮寄到存档机构。如拒不补办，可以按退档处理。

(2) 外省高校：一是及时与学校联系沟通，力争补办，如果学校坚持不予补办，第一时间联系学生本人。二是与学生讲明政策，按容缺受理，实行"接收告知承诺制"，让学生签字确认后，予以保管。三是与学校及学生本人均无法取得联系的，则按退档处理，因为与学生本人无法联系的情况会影响后续的档案基础信息采集工作，再次形成失联人员。

3. 档案转递类型

(1) 到机关、国有企事业单位就业或定向招生就业，升学至全日制高校，且单位具有接收档案资质的，档案转递至就业单位，由所在工作单位管理。

(2) 应征义务兵、到非公单位就业、自主创业、自由职业、未就业，升学至非全日制高校的，档案转递到生源地公共就业人才服务机构管理。

(3) 托管单位接收指的是由档案管理部门委托或授权给特定机构来管理保管机关转移的档案。

高校毕业生如果到国有企事业单位就业，档案接收转递不需要单位提供接收函，根据劳动合同或协议转递即可。

(三) 党组织关系

为了方便毕业生党员按时离校，由学院党委组织部指导各院系党总支统一办理组织关系转移手续。各院系党总支要及时、准确、完整地将毕业生党员名单上报校党委组织部。

1. 党组织关系转移情况

毕业生党员在落实工作单位过程中，党员组织关系可落在以下几处：

(1) 所去单位党组织健全的，应将党员组织关系转到所去单位党组织。

(2) 所去单位尚未建立党组织的，应将党员组织关系转到所去单位的上级党组织，或转到所去单位所在地的街道、社区、乡镇党组织或流动党员服务机构。

(3) 选择将人事关系和档案材料等暂保存在县级以上政府人事(劳动)部门所属的人才流动服务机构的，可以将组织关系转到该服务机构。

(4) 可将党员组织关系转移到本人或父母居住地的街道、乡镇党组织(转至单位党组织不详的应由毕业生党员本人查明)。

2. 党组织关系转移注意事项

转移党员组织关系，是党组织的一项严肃工作。党员组织关系介绍是党员政治身份的证明，每位毕业生党员在转移党员组织关系的过程中，应注意以下几点：

(1) 《中国共产党党员组织关系介绍信》是党员转移党组织关系的凭证，由本人携带，不得装入档案或平信邮寄。

(2) 毕业的预备党员到新单位后一定要及时与党组织取得联系，按期交纳党费，过组织生活，定期向组织写思想汇报，预备期满前写转正申请书，按期转正。

(3) 组织关系介绍信的有效期限为：市内不超过 1 个月，外省市不超过 3 个月。党员必须在有效期内转接组织关系。无故不按时转接组织关系是组织观念淡漠、违反党纪的表现。超过 6 个月未转接组织关系，造成自动脱党或其他情况者，后果自负。

二、就业协议书、劳动合同概述

（一）就业协议书、劳动合同的概念

1. 就业协议书的定义

就业协议书是全国普通高等学校毕业生就业协议书的简称，又称"三方协议书"，是普通大中专学校毕业生和用人单位在正式确立劳动人事关系前，经双向选择，在规定期限内就确立就业关系、明确双方权利和义务而达成的书面协议。就业协议书是用人单位确认毕业生相关信息真实可靠以及接收毕业生的重要凭据；是学校进行毕业生就业管理、编制就业方案、邮寄档案的重要依据；是毕业生办理就业落户手续等有关事项的重要凭证。该协议具有法律效力，在签订劳动合同后失效。

2. 劳动合同的定义

劳动合同是劳动者与用人单位确立劳动关系、明确双方权利和义务的协议。按规定，建立劳动关系应当订立劳动合同。

（二）签订就业协议书的原因

因为学生不能直接签订劳动合同，所以为了确保毕业后能正常签订劳动合同，便先签订就业协议书。就业协议书于毕业生和用人单位而言，都是一份保障。它同时也是一份约束，所以就业协议书里会约定违约条款，通常以违约金的形式体现。

除了能保障毕业生的就业权益，就业协议书的主要作用是约束毕业生的人事关系转移。总之，就业协议书涉及毕业生档案、户口等重要手续的办理。希望同学们克服困难，努力求职，在找到理想工作岗位后与用人单位认真协商，签订就业协议书，办理就业手续。

（三）签订就业协议书时的注意事项

（1）在签订就业协议书前，注意通过网络查询、实际考察等方式充分了解意

向单位，以便防范一些潜在风险，做出理性选择。

(2) 就业协议书的内容(包含工作地点、工作岗位、违约金)由学生与用人单位充分协商，合理确认。注意：协议内容体现的是用人单位与毕业生的意愿，学校作为鉴定方不对协议内容进行干涉和确认。

(3) 提前与用人单位沟通，询问是否可以接收档案、办理落户，以便确认后续的档案邮寄地址和户口迁移地址。

(4) 签订就业协议书时，注意用人单位名称，观察用人单位名称是否与印章一致。

(5) 要注意，切不能随意签订就业协议书或者找熟人签订虚假的就业协议书，因为就业协议书一旦签订，就具有法律效力，学生需要承担相应的责任。

(6) 要注意理性签约，诚信守约，不要随意违约。

(四) 就业协议书与劳动合同的区别

(1) 就业协议书是三方主体，涉及培养院校、高校毕业生、用人单位。劳动合同是根据《中华人民共和国劳动合同法》的规定制定的双方合同，只涉及高校毕业生和用人单位。

(2) 就业协议书是民事协议(民事合同)的一种；劳动合同更进一步确立了双方的权利和义务，其内容涉及劳动报酬、劳动保护、工作内容、劳动纪律、服务期限、违约责任等方面，内容更为具体，劳动权利义务更为明确。

(3) 就业协议书的签订一般先于劳动合同。

(4) 就业协议书自签订之日起至高校毕业生到单位报到、单位正式接收后自行终止；签订劳动合同的期限由用人单位确定。

(5) 就业协议书不等同于劳动合同。就业协议书与用于确立劳动关系的劳动合同不同，二者不能画等号。

(五) 合同签订后注意事项

合同签订后不可以随意毁约。《中华人民共和国民法典》第四百九十条规定，当事人采用合同书形式订立合同的，自当事人均签名、盖章或者按指印时合同成立。在签名、盖章或者按指印之前，当事人一方已经履行主要义务，对方接受时，该合同成立。法律、行政法规规定或者当事人约定合同应当采用书面形式订立，当事人未采用书面形式但是一方已经履行主要义务，对方接受时，该合同成立。第一百一十九条规定，依法成立的合同，对当事人具有法律约束力。

(六) 劳动合同试用期

《中华人民共和国劳动合同法》规定，劳动合同期限三个月以上不满一年的，试用期不得超过一个月；劳动合同期限一年以上不满三年的，试用期不得超过二个月；三年以上固定期限和无固定期限的劳动合同，试用期不得超过六个月。同一用人单位与同一劳动者只能约定一次试用期。以完成一定工作任务为期限的劳动合同或者劳动合同期限不满三个月的，不得约定试用期。试用期包含在劳动合同期限内。劳动合同仅约定试用期的，试用期不成立，该期限为劳动合同期限。劳动者在试用期的工资不得低于本单位相同岗位最低档工资或者劳动合同约定工资的 80%，并不得低于用人单位所在地的最低工资标准。注意：用人单位违反本法规定与劳动者约定试用期的，由劳动行政部门责令改正；违法约定的试用期已经履行的，由用人单位以劳动者试用期满月工资为标准，按已经履行的超过法定试用期的期间向劳动者支付赔偿金。

三、创办公司

(一) 大学生创业工商登记要求

除国家明确限制的特殊行业和需要前置审批的经营范围以外的企业，其他新注册企业严格执行"先照后证"制度。放宽新注册企业场所登记条件限制。允许高校毕业生按照法律法规规定的条件、程序和合同约定将家庭住所、租借房、临时商业用房等作为创业经营场所。同时逐步允许"一址多照"、集群注册等住所登记改革，降低大学生创业门槛。

减免工商注册行政事业性收费。对应届及毕业两年以内的高校毕业生从事个体经营的，自其在工商部门首次注册登记之日起 3 年内，免收登记类和证照类等有关行政事业性收费。

放宽注册资本到位条件。毕业学年高校毕业生和毕业后办理就业创业证1年内的高校毕业生自主创业，不受最低出资额限制，创业注册资本在20万元以内的小微企业实行实际出资额"零首付"(2年内到位)。高校毕业生在毕业后两年内自主创业，到创业实体所在地的工商部门办理营业执照,注册资金(本)在50万元以下的，允许分期到位，首期到位资金不低于注册资本的10%(出资额不低于3万元)，1年内实缴注册资本追加到50%以上，余款可在3年内分期到位。

(二) 大学生创业税费减免

毕业年度内高校毕业生、登记失业半年以上的高校毕业生，持就业创业证(注明"自主创业税收政策"或"毕业年度内自主创业税收政策")或就业失业登记证(注明"自主创业税收政策")，从事个体经营的，自办理个体工商户登记当月起，在3年内按每户每年12000元为限额，依次扣减其当年实际应缴纳的增值税、城市维护建设税、教育费附加、地方教育附加和个人所得税。限额标准最高可上浮20%，各省、自治区、直辖市人民政府可根据本地区实际情况在此幅度内确定具体限额标准。毕业生创业人员可向当地人力资源社会保障部门咨询办理。

(三) 大学生创业对市场主体类型的选择

应根据个人的专业知识和可提供资金等具体情况，结合各种市场主体的责任承担模式，选择合适的市场主体类型。个人创业可以选择设立个体工商户、个人独资企业或一人有限责任公司，团队创业则可以选择设立合伙企业、有限责任公司或股份有限公司。

(四) 大学生创业申请注册商标应注意的问题

(1) 申请注册商标，应当符合《中华人民共和国商标法》有关规定。

(2) 申请注册商标，应当有显著特征，便于识别，并不得与他人在先取得的合法权利相冲突。

（3）申请注册商标，不符合《中华人民共和国商标法》有关规定或者同他人在同一种商品或类似商品上已经注册的或者初步审定的商标相同或者近似的，由商标局驳回申请，不予公告。

四、大学生就业权益保护

（一）"五防"主动避开陷阱

高校毕业生要认真了解常见的就业陷阱，并做到"五防三要"，避免"踩坑"，求职中要增强防范意识。

1. 防"黑中介"

"黑中介"是指以介绍工作为名，向求职者收取高额中介费，却找借口拖延或直接不履行合同的非法机构。凡是在求职中遇到此类情况，应立即求助当地劳动监察部门或公安机关，拒绝支付相关费用。

2. 防"乱收费"

"乱收费"是指用人单位或中介机构以用工为名收取报名费、体检费、培训费、押金、岗位稳定金、资料审核费、服装费等费用，再以各种理由拒绝毕业生入职或中途辞退。在求职中遇到此类情况，要谨慎应对，拒绝支付入职前要求缴纳的各种非法费用。

3. 防"培训贷"

"培训贷"是指某些机构以高薪就业为诱饵，向毕业生承诺培训后包就业，但须借贷支付培训费。个别公司人员甚至手把手教求职者如何使用贷款软件。在求职中遇到此类情况，切忌轻率借贷支付相关费用，要核实招聘企业的工商注册、企业信用等信息。

4. 防"付费实习"

"付费实习"是指某些机构向毕业生承诺提供高薪行业实习岗位，但毕业生须缴纳相关服务费用。在求职中遇到此类情况，不轻信无任何要求且薪资待遇异常高的招聘信息，拒绝支付相关费用。

5. 防"非法传销"

"非法传销"是指组织者通过发展人员，要求其交纳费用或以购买商品等方式变相交纳费用，取得加入或者发展其他人员加入的资格，牟取非法利益。在一些短视频平台中，存在所谓"校园创业"的视频账号，吸引大学生付费加盟，实为不断发展下线，收取费用。凡是在求职中遇到组织者收取入门费，让参与者通过层层发展人员而获取报酬的，应立即远离。一旦发现可疑情况或者被骗，立即拨打"110"报警。

(二) 求职安全牢记"三要"秘籍

(1) 要增强求职安全意识。积极参加学校组织的就业指导和安全教育课程，增强识别就业"陷阱"的意识与能力，不走所谓的"求职捷径"。

(2) 要使用正规求职渠道。毕业生可通过国家大学生就业服务平台、高校就业网站、国聘平台等国家有关部门、地方和高校的校园招聘正规途径获取就业信息。

(3) 要运用法律维护就业权益。了解学习就业相关法律知识，学会用法律维护自身权益。如在求职中确有遇到侵害本人合法权益的情况，要积极收集并留存有关证据，及时向学校求助或向公安机关报案。

(三) 社会保险的有关知识

1. 社会保险的定义

《中华人民共和国社会保险法》(以下简称《社会保险法》)是中国特色社会主义法律体系中起支架作用的重要法律，是一部着力保障和改善民生的法律。它的颁布实施，是我国人力资源社会保障法治建设中的又一个里程碑，对于建立覆盖城乡居民的社会保障体系，更好地维护公民参加社会保险和享受社会保险待遇的合法权益，使公民共享发展成果，促进社会主义和谐社会建设，具有十分重要的意义。

《社会保险法》第二条规定，国家建立基本养老保险、基本医疗保险、工伤保险、失业保险、生育保险等社会保险制度，保障公民在年老、疾病、工伤、失业、生育等情况下依法从国家和社会获得物质帮助的权利。

公民在年老、疾病、工伤、失业、生育等情况下依法从国家和社会获得物质帮助是宪法规定的一项公民基本权利。社会保险是公民从国家和社会获得物质帮助的重要途径之一。

我国是世界上第二多的发展中国家，人口众多、经济发展起点低，而且东部、中部、西部各个地区之间、城乡之间发展不平衡，人均收入较低，建立健全社会保险制度任务十分艰巨。从国情出发，坚持以人为本，国家积极致力于社会保险制度的建立。《社会保险法》规定了 5 项社会保险制度，其中前两项称为"基本养老保险""基本医疗保险"，是因为养老和医疗保障体系中都有补充性保险，养老方面称为"企业年金"和"职业年金"。这是国家鼓励的，但不是强制性的，也不是覆盖全体公民的。而《社会保险法》规范的是国家主导建立的、保障基本待遇的社会保险制度，为避免误解与混淆，以"基本"界定。工伤、失业、生育保险没有补充性设计，不会混淆，因此不必加"基本"二字。

2. 社会保险的主要险种

1) 基本养老保险

基本养老保险，是指缴费达到法定期限并且个人达到法定退休年龄后，国家和社会提供物质帮助以保证因年老而退出劳动领域者稳定、可靠的生活来源的社会保险。基本养老保险制度由三部分组成：职工基本养老保险制度、新型农村社会养老保险制度、城镇居民社会养老保险制度。

2) 基本医疗保险

基本医疗保险，是指按照国家规定缴纳一定比例的医疗保险费，在参保人因患病和意外伤害而就医诊疗时，由医疗保险基金支付一定医疗费用的社会保险。基本医疗保险由三部分组成：职工基本医疗保险、新型农村合作医疗、城镇居民基本医疗保险。

3) 工伤保险

工伤保险，是指由用人单位缴纳工伤保险费，对劳动者因工作原因遭受意外伤害或者职业病，从而造成死亡、暂时或者永久丧失劳动能力时，给予职工及其相关人员工伤保险待遇的一项社会保险。

4）失业保险

失业保险，是指国家为因失业而暂时失去工资收入的社会成员提供物质帮助，以保障失业人员的基本生活，维持劳动力的再生产，为失业人员重新就业创造条件的一项社会保险。

5）生育保险

生育保险，是指由用人单位缴纳保险费，其职工按照国家规定享受生育保险的一项社会保险。生育保险制度对减少就业性别歧视、改善妇女就业环境、切实保障妇女生育期间的基本权益具有重要作用，同时，对计划生育、优生优育等工作也产生了积极影响。

实践活动

【活动一】 签约护航

每个小组整理出至少 5 条签订就业协议书或劳动合同时的注意事项，请查阅《中华人民共和国民法典》和《中华人民共和国劳动合同法》后说出理由。

_____

_____

_____

_____

_____

_____

_____

_____

_____

_____

【活动二】　薪火守护

小张在某公司工作数月后，发现公司拖欠工资。小张多次索要无果，请帮助其写出解决策略。

_____

_____

_____

_____

_____

_____

_____

_____

_____

_____

【活动三】　社保补缴

小李入职某公司后，发现公司未为其缴纳社会保险。小李担心自己未来的社会保障问题，向公司提出要求补缴社会保险。请分析小李的要求是否合理，并说明原因。

_____

_____

_____

_____

_____

_____

_____

_____

_____

课后自测

一、单项选择题

1. 高校毕业生从事个体经营的，自办理个体工商户登记当月起，在 3 年内按每户每年(   )元为限额依次扣减其当年实际应缴纳的增值税等税费。

A. 10 000   B. 12 000   C. 15 000   D. 20 000

2. 在毕业后两年内自主创业，到创业实体所在地的工商部门办理营业执照，注册资金(本)在 50 万元以下的，允许分期到位，首期到位资金不低于注册资本的(   )(出资额不低于 3 万元)。

A. 10%   B. 12%   C. 15%   D. 20%

3. 档案不可以转递到(   )。

A. 机关   B. 国有企业

C. 个人手中   D. 公共就业人才服务机构

4. 以下不属于"五防三要"中的"三要"的是(   )。

A. 要听从老板的一切指挥   B. 要增强求职安全意识

C. 要使用正规求职渠道   D. 要运用法律维护就业权益

5. 劳动合同试用期最长不得超过(   )个月。

A. 2   B. 3   C. 6   D. 8

二、多项选择题

1. 学籍档案一般包括(   )。

A. 大学新生入学登记表   B. 毕业生登记表

C. 体检表   D. 党团组织材料

2. 就业协议书又称"三方协议书"，三方是指(   )。

A. 学生(毕业生)   B. 用人单位

C. 学校　　　　　　　　　　　D. 家长

3. "五防三要"中的"五防"包括(　　　)。

A. 防黑中介　　　　　　　　　B. 防乱收费

C. 防培训贷　　　　　　　　　D. 防付费实习

E. 防非法传销　　　　　　　　F. 防盗

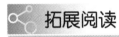 **拓展阅读**

教育部关于做好 2025 届全国普通高校毕业生
就业创业工作的通知

教就业〔2024〕5 号

各省、自治区、直辖市教育厅(教委)，新疆生产建设兵团教育局，有关省、自治区人力资源社会保障厅，部属各高等学校、部省合建各高等学校：

高校毕业生是党和国家宝贵的人才资源。为深入学习领会习近平新时代中国特色社会主义思想，全面贯彻党的二十届三中全会精神和全国教育大会精神，坚持把高校毕业生就业作为重中之重，加快构建高校毕业生高质量就业服务体系，完善高校学科设置调整机制和人才培养模式，促进高校毕业生高质量充分就业，教育部决定实施 2025 届全国普通高校毕业生就业创业促进和服务体系建设行动。现就有关事项通知如下。

一、促进人才培养与经济社会发展供需适配

1. 加强就业市场需求分析研判。各地各高校和分行业就业指导委员会要定期开展高校毕业生就业市场需求调查，通过调研走访企业、委托专门机构开展调查等方式，广泛收集行业、区域人才供求信息，及时掌握就业市场需求变化。鼓励各地积极会同相关行业主管部门，建立就业市场需求分析会商机制，协同开展人才需求分析预测工作，编制发布人才需求报告和急需紧缺人才目录，引导优化人才资源配置。

2. 加强学科专业动态调整优化。各地各高校要结合本区域发展实际,以科技发展、国家战略需求为牵引,主动布局新兴学科专业,扩大急需紧缺学科专业布点,提高高校学科专业设置对高质量发展的响应度,更好促进供需适配。对就业质量不高的专业实行红黄牌提示制度,及时调整或更新升级已经不适应社会需要的学科专业。

3. 加强就业与招生、培养联动。各地各高校要将高校毕业生就业状况作为高校办学资源配置、教学质量评估、招生计划安排的重要依据。综合考虑高校办学质量和毕业生就业状况,优化招生计划分配方式。主动对接经济社会发展需要,有针对性优化人才培养方案,全面提升高校毕业生专业素养、创新思维和就业能力。

二、充分发挥促就业政策的引领作用

4. 加力落实助企稳岗促就业政策。各地各高校要积极配合相关部门,加力落实税收优惠、社保补贴、培训补贴、创业担保贷款等政策,多措并举激发经营主体吸纳高校毕业生就业的积极性。要加大促就业政策宣传解读,组织"高校毕业生就业政策宣传月"活动,系统梳理本地高校毕业生就业创业政策,通过制作政策地图、政策海报、政策汇编,积极推进就业政策进园区、进企业、进高校、进社区,推动各项政策加快落地见效、惠企利生。

5. 优化规范招聘安排和秩序。各地各高校要按照"能早尽早""能扩尽扩"的原则,统筹协调好本地党政机关、事业单位、国有企业招聘(录)高校毕业生和各类升学考试时间安排,确保全部在 8 月底前完成。积极推动相关部门合理确定各类职业资格考试时间,稳定并扩大政策性岗位招录规模。畅通入伍绿色通道,积极配合兵役机关做好兵员预征预储和大学生精准征兵工作。各高校要统筹安排好教育教学与就业工作进程,确保有序开展、有效衔接,为毕业生在校期间求职预留时间。发挥国有企业示范作用,办好"国聘行动"。

6. 支持灵活就业和自主创业。各地各高校要充分挖掘新产业、新业态、新模式带动就业潜力,引导毕业生发挥专业所长,在数字经济、绿色经济、银发经济、创意经济、低空经济等多领域灵活就业。配合有关部门落实灵活就业社

会保障政策。充分发挥创业带动就业作用，落实创业支持和减税降费政策，在资金、场地等方面向高校毕业生创业者倾斜，为高校毕业生创新创业孵化、成果转化等提供服务。

7. 强化高校毕业生就业相关支持政策研究。鼓励各地各高校围绕贯彻落实国家重大战略部署、发展新质生产力、推动经济社会高质量发展，系统梳理国家和地方出台的系列稳就业政策，研究新的就业增长点，结合本地本校实际推出促进高校毕业生就业的政策举措。聚焦高校毕业生就业工作理论和现实问题，开展促进高校毕业生供需适配、就业政策论证与效果评估等前瞻性、实证性研究，探索高校毕业生就业工作规律，强化政策支撑。

三、开发更多有利于发挥所学所长的就业岗位

8. 深入开展"访企拓岗"行动。各地各高校要按照"秋季校园招聘月""寒假暖心行动""春季攻坚行动""百日冲刺行动"安排，持续不断开拓就业岗位。各高校要认真落实"两个100"和"不少于10家"要求，调动高校全员力量，用好校友资源优势，密切联系合作企业，持续深入开展"高校书记校长访企拓岗促就业专项行动"，足质足量开拓就业岗位。各地要加强统筹协调，指导高校与相关地方政府、行业企业、产业园区等建立常态化就业合作，发掘一批吸纳毕业生稳定就业的优质企业和单位。鼓励引导群团组织、慈善组织、社会组织和社会招聘服务机构等开发岗位资源，提供面向高校毕业生的专业化就业服务。

9. 充分用好校园招聘主渠道。各地各高校要拓展实施"万企进校园"计划，主动邀请用人单位进校招聘，鼓励联合公共就业创业服务机构开展校园招聘活动，在活动现场设置政策咨询、就业指导、直播带岗等专区，丰富校园招聘活动形式。支持二级院系积极开展小而精、专而优的小型专场招聘活动，提高校园招聘活动实效。鼓励各地加强与政府部门沟通合作，充分发挥全国普通高校毕业生就业创业指导委员会和行业协会作用，归集分行业、分区域、分领域就业岗位，组织用人单位组团进校招聘，共建一批区域性、行业性、联盟性就业市场。要重点关注就业工作基础薄弱的高校，加大招聘活动支持力度，加大招

聘活动频次，定向送资源、送岗位、送服务。

10. 支持中小企业吸纳就业。开展民营企业招聘高校毕业生专项行动。鼓励主动服务本地区科技领军企业、瞪羚企业、专精特新中小企业等重点企业人才需求，支持民营企业、中小企业进校宣讲，加大宣传推介力度，主动提供多元化就业服务。配合相关部门落实鼓励民营企业、中小企业稳岗拓岗支持政策，办好"'百城千校万企'民企高校携手促就业行动""中小企业网上百日招聘高校毕业生""民营企业服务月"等活动，汇聚更多岗位资源。

11. 创新挖掘基层就业空间。各地各高校要配合有关部门组织实施好"特岗计划""三支一扶""西部计划""大学生乡村医生专项计划"等基层项目，加大科研助理岗位开发力度。支持各地围绕乡村振兴、基层治理、产业发展，用好现有各类资金和政策渠道，开发城乡社区、养老服务、农业科技等岗位。鼓励结合地方实际和高校办学特色，创新实施基层就业项目，出台配套支持政策，为毕业生提供更多基层就业渠道。

12. 全面推广使用国家大学生就业服务平台。依托平台建立就业信息归集机制，推进国家、省级、高校三级毕业生就业服务网络互联共享，实时对接社会招聘机构岗位信息，持续举办网络招聘活动。加快就业服务智慧化升级，优化完善平台功能，实现高校毕业生就业服务一体化办理、精准化服务、智能化管理。主动精准向毕业生推送就业指南、岗位资源。各地各高校要主动与平台共享岗位信息，组织就业工作人员、毕业班辅导员和有就业意愿的高校毕业生及时注册使用。

四、做实做细就业指导帮扶

13. 强化生涯教育与就业指导。各地各高校要将职业生涯教育融入高校人才培养全过程，完善生涯教育与就业指导课程体系，推动把相关课程作为必修课列入人才培养方案，给予学时学分保障。打造一批名师金课及精品教材，鼓励培育教学成果。办好第二届全国大学生职业规划大赛，将大赛与各类就业指导、实习实践、校园招聘等活动统筹组织，引导大学生科学合理规划学业与职业发展，提升就业竞争力。聚焦社会需求、产业变化，探索面向高年级学生开设专业微课程、职业培训课程，提升学生综合素养。

14. 加强就业育人与观念引导。各地各高校要把就业教育作为全员全过程全方位育人的重要内容，推动与思想政治教育、专业教育深度融合。加强就业心理健康教育，推进个性化求职心理疏导。开展"永远跟党走、到祖国需要的地方去""高校毕业生基层就业卓越奖学(教)金"推荐宣传等活动，营造劳动光荣的社会风尚，激励高校毕业生到新疆、西藏等西部地区就业，引导高校毕业生投身重点领域、重点行业、城乡基层和中小微企业就业创业，以择业新观念打开就业新天地。

15. 健全重点群体就业帮扶机制。各地各高校要重点关注脱贫家庭、低保家庭、零就业家庭以及残疾等就业困难毕业生群体，建立帮扶台账，落实"一人一档""一人一策"精准帮扶要求，优先提供指导咨询、优先推荐岗位、优先组织培训和就业实习实践。高校和院系领导班子成员、专任教师、就业指导教师、辅导员等落实帮扶责任，与困难毕业生开展"一对一"结对帮扶。组织实施好"宏志助航计划"，有序扩大培训覆盖面，提升培训帮扶实效。配合人力资源社会保障部门做好离校未就业毕业生服务接续，帮助他们及时享受公共就业服务。

16. 完善就业实习实践制度，各地各高校要将就业实习实践作为促就业重要举措，纳入人才培养方案，做好政策制度保障。统筹就业实习与教学实习、社会实践，推动大学生利用寒暑假开展实习实践活动。强化实习责任保险保障，做好就业实习安全教育。持续发挥教育部供需对接就业育人项目作用，深化政校企合作，协同建设一批大学生就业实习实践基地，有组织地开展就业实习实践活动，推动更多毕业生通过实习实践实现就业。鼓励支持更多高校毕业生到国际组织实习任职。

五、持续推进就业监测与综合评价改革

17. 加强就业进展监测。各地各高校要认真落实毕业去向登记制度，准确把握就业监测指标，严格审核毕业生就业材料和去向信息，规范做好毕业去向登记，确保数据真实准确。各地要不断健全完善就业监测机制，加强就业监测工作业务培训，切实提高就业监测工作质量。各地各高校要严格执行"四不准""三不得"规定，分级开展就业监测数据自查，对违反相关规定的单位和人员，依法依规严肃追责处理。

18. 深入推进就业评价改革。各地要探索开展就业工作综合评价，建立健全科学高效的就业评价体系，破除就业工作单一评价导向。坚持分类评价，突出质量导向，探索长周期评价，以就业评价赋能高校就业工作转型，促进高校就业工作制度化、规范化。全面开展高校毕业生就业状况跟踪调查，加强与有关部门政务数据比对分析，将就业状况纳入综合研判，为教育教学评估、就业工作质量评价提供参考。

六、提升高校毕业生就业工作保障水平

19. 压实工作责任。各地各高校要把高校毕业生就业作为民生头等大事、摆在突出重要位置，纳入领导班子重要议事日程和绩效考核重要内容，建立健全主要负责同志亲自部署、亲自指导，分管负责同志靠前指挥、统筹协调的工作机制，推动逐级压实工作责任。各高校要把就业工作列入学校党委常委会重要议题定期研究推进，充分发挥"校—院(系)"两级就业工作领导小组作用，调动全校力量形成工作合力。各省级教育部门要牵头成立高校毕业生就业工作专班，制定工作方案，推进任务落实。各地各高校要加强与组织、人力资源社会保障、财政等部门沟通联系，协调各方资源支持高校毕业生就业，强化风险防控，完善各类突发事件应急处置工作预案，确保高校毕业生就业安全稳定。

20. 强化工作保障。各地各高校要按规定落实高校毕业生就业工作"四到位"要求，加强就业部门和服务机构工作力量，给予必要的人员、经费保障。配齐配强校级专职就业指导教师和专职就业工作人员，畅通就业指导教师职业发展路径，鼓励生涯教育与就业指导人员按要求参加相关职称评审。健全校外专家担任兼职就业指导教师的保障机制。

21. 加强权益维护。各地各高校要严格落实校园招聘"三严禁"要求，积极营造公平就业环境。配合有关部门维护人力资源市场秩序，及时处置各类恶意解约等损害毕业生就业权益的事件，依法打击招聘欺诈、泄露隐私等涉就业违

法违规行为。加强就业安全教育，发布招聘求职陷阱提示，加大防电信诈骗宣传，帮助毕业生提升防范就业风险意识。加大校园招聘审核力度，严格规范招聘信息采集，及时清除各类虚假信息。

22. 开展总结宣传。各地各高校要运用新闻媒体、微博微信、广播电视等渠道，开展形式多样、内容丰富的宣传活动。大力宣传党和政府对毕业生的关心关爱、对就业工作的高度重视，加力宣传地方、用人单位和高校全力拓资源、优指导、强帮扶、促就业的举措和成效。持续开展就业典型案例和毕业生就业创业典型人物总结宣传，积极营造全社会关心支持高校毕业生就业的良好氛围。各地各高校毕业生就业工作进展情况要及时报教育部。

教　育　部

2024 年 11 月 11 日

参 考 文 献

[1] 胡楠，郭冬娥，李群如，等. 大学生职业规划与就业指导教程[M]. 北京：人民邮电出版社，2017.

[2] 胡楠，郭冬娥，李群如，等. 大学生职业规划与就业指导实践训练[M]. 北京：人民邮电出版社，2017.

[3] 李业明. 职业生涯规划[M]. 上海：上海交通大学出版社，2018.

[4] 汤锐华. 大学生职业规划与发展：职业规划与职业素养[M]. 3 版. 北京：高等教育出版社，2018.

[5] 张普权. 大学生职业生涯规划与就业指导[M]. 上海：上海交通大学出版社，2015.

[6] 陈磊，张晓敏，黄利梅，等. 大学生职业发展教育[M]. 重庆：重庆大学出版社，2018.

[7] 韩奇生，郑永森. 大学生职业生涯规划[M]. 北京：现代教育出版社，2019.

[8] 严有武，董开鹏，雒保祥. 职业生涯规划与就业指导[M]. 武汉：华中科技大学出版社，2019.

[9] 卢德炳. 大学生职业生涯规划与就业指导[M]. 北京：现代教育出版社，2019.

[10] 张新春，游龙生，胡峰. 大学生职业发展与生涯规划[M]. 秦皇岛：燕山大学出版社，2020.

[11] 孙艺萌. 大学生职业规划与就业指导分析[J]. 人才资源开发，2022(20)：74-76.

[12] 秦月. 推动劳动教育融入大学生职业规划与就业指导[J]. 当代贵州，2022(25)：52-53.

[13] 张彩艳. 浅析"大学生职业规划与就业指导"课程的教学研究[J]. 轻工科技，2019，35(09)：189-190.

[14]　罗琳洁. 体验式教学模式在《大学生职业规划与就业指导》课程中的应用研究[J]. 当代教育实践与教学研究，2019(03)：178-179.

[15]　孙凌涛，陈艳，王俊，等. "三全育人"理念下的大学生职业规划与就业指导[J]. 人才资源开发，2023(12)：26-28.